12
Lecciones
sobre prosperidad

CHARLES FILLMORE

I 2
LECCIONES
SOBRE PROSPERIDAD

EDICIONES OBELISCO

Si este libro le ha interesado y desea que lo mantengamos informado de
nuestras publicaciones, escríbanos indicándonos qué temas son de su interés
(Astrología, Autoayuda, Ciencias Ocultas, Artes Marciales, Naturismo,
Espiritualidad, Tradición...) y gustosamente lo complaceremos.

Puede consultar nuestro catálogo en www.edicionesobelisco.com

Colección Éxito - Biblioteca del Secreto
I2 Lecciones de prosperidad
Charles Fillmore

1.ª edición: noviembre de 2008
2.ª edición: diciembre de 2008

Traducción: *Chiara Brighi*
Maquetación: *Mariana Muñoz*
Corrección: *Leticia Oyola*
Diseño de cubierta: *Mònica Gil*

© 2008, Ediciones Obelisco, S. L.
(Reservados los derechos para la presente edición)

Edita: Ediciones Obelisco S. L.
Pere IV, 78 (Edif. Pedro IV) 3.ª planta 5.ª puerta.
08005 Barcelona - España
Tel. 93 309 85 25 - Fax 93 309 85 23
Paracas, 59 C1275AFA Buenos Aires - Argentina
Tel. (541-14) 305 06 33 - Fax: (541-14) 304 78 20
E-mail: info@edicionesobelisco.com

ISBN: 978-84-9777-507-6
Depósito Legal: B-49.661-2008

Printed in Spain

Impreso en España en los talleres gráficos de Romanyà/Valls S.A.
Verdaguer, 1 - 08786 Capellades (Barcelona)

Prefacio

Es perfectamente lógico asumir que un Creador sabio y competente cumpla con las necesidades de Sus criaturas en sus diferentes etapas de crecimiento. El sustento será proporcionado cuando sea necesario y conforme a los esfuerzos que realice la criatura para conseguirlo. Las necesidades temporales serán satisfechas con recursos temporales; las necesidades mentales, con elementos de la misma índole y las necesidades espirituales con medios espirituales. Para simplificar el reparto todo será formado por una misma sustancia primaria espiritual, que debidamente controlada podrá ser transformada en todo tipo de producto resultante según el deseo del operador. Ésta es una descripción somera, pero acertada, de los principios que subyacen al abastecimiento del género humano en esta tierra. El Padre ha creado una sustancia universal original que reacciona con los pensamientos del hombre, como por arte de magia. La fe en el ilimitado potencial de esa sustancia, envuelta en cáscaras visibles o latente dentro de unidades eléctricas invisibles, recompensa siempre al hombre con los frutos de su trabajo.

El agricultor parece sacar su sustento de las semillas que planta, pero él nunca plantaría una semilla sin tener fe en su innata capacidad de crecer, y sin creer que la semilla no se multiplicaría sin el empuje vital del Espíritu. Así vemos que todo aumento de sustancia depende del empuje vital del Espíritu, hecho que nos proporciona la llave para comprender que los procesos mentales, usados espiritualmente, pueden potenciar y al mismo tiempo simplificar nuestra comprensión de esa inagotable sustancia que la Mente creativa nos ha tan generosamente regalado.

En las siguientes doce lecciones hemos tratado de explicar la legítima apropiación por parte del hombre de las provisiones que Dios le proporciona espiritual y eléctricamente. Cuando comprendamos y ajustemos nuestra mente al reino donde se generan esas ideas de riqueza y sus formas eléctricas de pensamiento, entonces experimentaremos en nuestra existencia lo que se llama *prosperidad*.

Para entender las formas eléctricas del pensamiento, hace falta explicar que cada proceso de creación implica un reino de ideas y un reino de expresiones o modelos de esas ideas. Estos modelos detienen o «reprimen» las unidades eléctricas sueltas que sostienen lo visible. Por consiguiente, la creación es en sí misma el proceso de una trinidad, ya que detrás del mundo visible están tanto la idea creativa original como los rayos cósmicos que la materializan en cosas terrenales. Una vez entendidas las actividades de esta trinidad, podremos conciliar los descubrimientos de la ciencia moderna con los fundamentos de la religión.

La ciencia moderna nos enseña que el espacio está altamente cargado de energías que puestas bajo control podrían transformar la tierra. El físico Oliver Lodge afirma que una sola pulgada cúbica de éter, es decir, 2,5 cm³, contiene suficiente energía para hacer funcionar un motor de 44 CV durante cuarenta años. La actual divergencia de opiniones entre los científicos con respecto a la realidad del éter no pone en duda la existencia en el espacio de potencialidades formidables. Por otra parte, el astrofísico británico Arthur Eddington dice que la mitad de los físicos más destacados sostiene que el éter existe y la otra mitad que no, pero, según sus mismas palabras, «ambas partes afirman exactamente lo mismo, y se dividen únicamente por las palabras que emplean».

La comprensión espiritual nos dice que el éter existe como emanación de la mente y no ha de confundirse con las limitaciones de la materia. Las medidas matemáticas aplicadas al éter parecen negar su existencia, ya que su única realidad está en la Mente de quien lo pensó, y su esencia está gobernada y sostenida por las ideas, que no poseen una dimensión física. Con lo cual el éter existirá y tendrá una dimensión material sólo conforme al tiempo en el que la Mente lo utilizará. Una vez que la Mente infinita haya completado los ciclos de creación, tanto el universo invisible como el invisible desaparecerán y permanecerá sólo la Mente. «Y todo el ejército de los cielos se corromperá, y se han de plegar los cielos como un libro: y caerá todo su ejército.»

La estabilidad de la fe cristiana se apoya enormemente en el hecho de saber que Jesús anticipó los descubrimientos de la ciencia moderna con respecto a la existencia de aquel reino llamado *éter*. Le dio el nombre de Reino de los cielos, y Sus demostraciones sobre sus posibilidades aún no han sido refutadas. No dijo que se tratara de un lugar que los buenos heredarían después de la muerte, sino un estado alcanzable aquí y ahora. «Al Padre le plujo daros el reino.»

Jesús nos enseñó que podemos incorporar estos rayos vitales en nuestra mente, nuestro cuerpo y nuestra vida gracias a la fe. Donde los físicos describen simplemente la presencia mecánica de la vida en cuanto energía, Jesús ha enseñado al hombre cómo hacer que la vida le obedezca gracias a la utilización de su mente. En lugar de un universo gobernado por ciegas fuerzas mecánicas, Jesús nos ha enseñado un universo guiado y dirigido por el intelecto.

Lo que tenemos que comprender por encima de cualquier otra cosa es que Dios ya pensó en satisfacer hasta la más diminuta de nuestras necesidades cotidianas, por esto, si nos falta algo es porque no hemos empleado correctamente nuestra mente estableciendo el contacto con la Mente Creadora y con los rayos cósmicos de abundancia que fluyen libremente de ella.

La sustancia espiritual: base fundamental del universo

LA MENTE DIVINA es la sola y única realidad. Cuando incorporamos las ideas que forman la Mente en nuestra mente y perseveramos en ellas, una fuerza poderosa brota dentro de nosotros mismos. De esta manera se crean los fundamentos para el cuerpo espiritual, el cuerpo eterno en los cielos que no se hace con las manos. Una vez que el cuerpo espiritual se haya establecido en nuestra consciencia, su fuerza y su poder se transmiten al cuerpo visible y a todas las cosas que podemos tocar en el mundo que nos rodea.

El discernimiento espiritual nos revela que ahora nos encontramos en los albores de una nueva era, que los métodos pasados de sustento y soporte ya han perdido su validez, y que nuevos recursos están por aparecer. En los negocios venideros el hombre no será esclavo del dinero. Las necesidades cotidianas de la humanidad serán satisfechas de formas que hoy en día ni siquiera creemos posibles. Serviremos por el propio gozo de servir, y la prosperidad fluirá hacia nosotros y a través de nosotros en flujos de plenitud. El hombre aún no se vale del sustento y el soporte que el amor y el fervor pondrán en marcha; sin embargo, aquellos que han experimentado su fuerza proveedora ya la alaban en voz alta.

El poder dinámico de la mente superior ha aparecido esporádicamente en hombres y mujeres de distintos países. Muy a menudo se relaciona con rituales religiosos en los que predominan el misterio y la autoridad sacerdotal. A los que forman parte del «pueblo» se les deja a oscuras respecto al origen del poder sobrehumano de estos adeptos ocultos y hombres sagrados. Sin embargo, hemos vislumbrado grandes avances en los descubrimientos de los científicos según los cuales el átomo oculta energías electrónicas cuya organización matemática determina el carácter de todo elemento fundamental de la naturaleza. Este descubrimiento ha revolucionado la ciencia basada en la antigua teoría mecánica de los átomos, y ha facilitado a los metafísicos cristianos el alcance de una nueva comprensión de las dinámicas que mueven el Espíritu.

Actualmente la ciencia aboga por el espacio como origen de la vida en detrimento de la materia. Dice que el mismo aire se alimenta de fuerzas dinámicas que espera que el hombre aproveche y utilice, y que esas energías omnipresentes e invisibles disponen de potencialidades que van más allá de nuestro entendimiento más elevado. Todo lo que nos han enseñado acerca de las glorias del cielo se vuelve insignificante frente a las glorias de los rayos resplandecientes —comúnmente llamados *éter*. La ciencia nos demuestra que no sabemos aprovechar este impresionante océano de éter para producir la luz y la potencia de la electricidad. La fuerza aparentemente formidable generada por las vueltas de nuestras dínamos es tan sólo un pequeño vislumbre de un universo de energía a nuestro alcance. Las ondas invisibles que llevan los programas de radio a cualquier destino no son más que referencias a un poder inteligente que se adentra y se extiende en cada germen de vida, visible o invisible. Las mentes de científicos de todo el mundo se han visto profundamente sacudidas por estos descubrimientos revolucionarios, y no han podido encontrar un lenguaje adecuado para explicar su magnitud. Aunque algunos científicos han escrito libros sobre la apropiación del éter por parte del hombre, nadie se ha atrevido a contar toda la historia. La cuestión es que el mayor descubrimiento de todos los tiempos dicta que todas las cosas aparentemente se originan a partir del éter invisible e intangible. Aquello que Jesús nos mostró de forma tan críptica mediante símbolos sobre la riqueza del Reino de los cielos, ahora, por fin, se ha revelado.

Según el griego, idioma en el que ha llegado hasta nosotros el Nuevo Testamento, Jesús no utilizó la palabra *cielo*, sino el plural *cielos* en Sus enseñanzas. No nos habló de un lugar lejano llamado *cielo*, más bien nos reveló las características de los cielos que nos rodean, denominados tanto espacio como *éter* por los físicos. No nos enseñó sólo sus dinámicas, sino también su carácter inteligible, y nos dijo que la entidad que los gobierna se encuentra dentro del hombre: «El Reino de Dios está dentro de ti». No se limitó a describir ese Reino de los cielos en muchas de sus parábolas; más bien hizo de la posibilidad de alcanzarlo el objetivo principal de la existencia humana. Objetivo que no sólo estableció por el hombre, sino también por Sí mismo, demostrando así que Sus enseñanzas son tan factibles como reales.

Los científicos nos explican que el éter está cargado de electricidad, magnetismo, rayos de luz, rayos X, rayos cósmicos, y otras radiaciones dinámicas; además, que el éter es la fuente de todo tipo de vida, luz, calor, energía, gravitación, atracción, repulsión; en suma, que el éter es la esencia que impregna y llena todo lo que existe en esta tierra. En otras palabras, la ciencia atribuye al éter todas las fuerzas del cielo sin afirmarlo directamente. Jesús lo personificó cuando dijo a Sus seguidores que buscasen primero el reino y que todo lo demás les habría de llegar por añadidura. «Mas buscad primeramente el Reino de Dios y su justicia, y todas estas cosas os serán añadidas.» La ciencia nos dice que las partículas eléctricas que entran en la atmósfera terrestre son, además, el origen de toda sustancia y materia. Jesús dijo que Él era la sustancia y el pan que procedía de los cielos. ¿Cuándo empezará nuestra civilización a dominar y utilizar verdaderamente tan poderoso océano de vida y sustancia física y espiritualmente?

Esa inagotable sustancia mental está disponible en cualquier momento y lugar para aquellos que hayan aprendido cómo dominarla conscientemente. Jesús explicó la manera más simple, rápida y directa para conseguirlo cuando dijo: «A cualquiera que (...) no dudare en su corazón, mas creyere que sucederá lo que dice, le será concedido». Una vez hayamos asumido que ciertas ideas poderosas existen en las expresiones de la mente invisible, llamadas por la ciencia tanto *éter* como *espacio*, y hayamos aprendido a utilizarlas, entonces será fácil poner en práctica la ley a través del pensamiento, la palabra y la acción.

«Existe una marea en los asuntos humanos, que, tomada en pleamar, conduce a la fortuna», dijo Shakespeare. Esta marea nos está esperando en los espacios cósmicos, el paraíso de Dios.

La sustancia espiritual desde la que proceden todas las riquezas visibles es inagotable. Es siempre justa contigo y responde a tu fe en ella y a tus exigencias. No se deja afectar por los discursos ignorantes sobre los tiempos difíciles y las crisis económicas, aunque nosotros lo hagamos debido a los pensamientos y a las palabras que gobiernan nuestra sociedad. Este recurso infalible está siempre disponible. No tiene otra opción, ya que ésa es su naturaleza. Dirige tus palabras vitales de fe a la sustancia omnipresente, y siempre vivirás en la prosperidad, aunque todos los bancos del mundo cierren sus puertas. Dirige la gran energía de tu pensamiento hacia ideas de «abundancia», y lo que los demás hombres digan o piensen no te afectará.

Dios es sustancia, sin embargo, si con esta afirmación queremos decir que Dios es materia, algo afectado por el tiempo o las condiciones terrenales, entonces tendríamos que concluir que Dios es inmaterial. Dios no se puede confinar en ese tipo de sustancia que denominamos *materia*. Dios es la esencia intangible de la que se originaron el hombre y la materia. La materia es una limitación mental de la sustancia divina cuyo carácter vital intrínseco se manifiesta en todo tipo de expresiones de la vida.

La sustancia divina puede considerarse como energía divina, o luz del Espíritu, y «Dios dijo "haya luz", y hubo luz», de acuerdo con las conclusiones de algunos de los científicos más adelantados. El astrónomo James Jeans dijo, en *El Misterioso Universo*: «La tendencia de los físicos modernos es la de resolver el enigma del universo material en forma de vibraciones, nada más que ondas vibracionales. Estas ondas son de dos tipos: las que están concentradas, que llamamos materia, y las sueltas, que definimos como *radiaciones*, o luz. El proceso de aniquilación de la materia consiste simplemente en soltar las ondas energéticas reprimidas, liberándolas para que viajen a través del espacio».

El Espíritu no es materia. El Espíritu no es una persona. Para concebir la esencia del Ser hemos de eliminar de nuestra mente todas las ideas en las que Dios sea de alguna forma circunscrito o tenga algunas de esas limitaciones que asociamos con las cosas o las personas que tienen una forma o un tamaño. «No te formarás una imagen, ni ninguna figuración de nada que exista arriba en el cielo, ni bajo la tierra».

Dios no es materia, sino sustancia, porque la materia tiene forma. La sustancia de Dios está más allá de la materia y de la forma. Es la base de toda forma, aunque al final no entre en ningún tipo de forma. La sustancia no se puede ver, tocar, probar u oler, ya que es más sustancial que la materia, con lo cual resulta ser la única esencia en el universo. Su naturaleza es la de «sostener» o «estar debajo» o más allá de la materia, ya que es su soporte y única realidad.

Job dijo: «El Todopoderoso será tu defensa, y recibirás un montón de plata». Eso se refiere a la sustancia universal, dado que plata y oro son manifestaciones de una sustancia presente en todas partes y se utilizan como símbolos de dicha sustancia. Lew Wallace, en *Ben-Hur*, se refiere al reino como «creación dorada». Sin duda habrás experimentado personalmente tan perfecta sustancia en tus silencios, en los que parecía que copos de nieve dorada caían sobre ti. Ésta fue la primera manifestación del flujo de la sustancia universal en tu consciencia.

La sustancia toma forma inicialmente en la mente y, conforme se manifiesta, pasa a través de una tríplice actividad. Entre el mantenimiento de la sustancia en la mente y su manifestación, nosotros desempeñamos un papel muy importante, acorde con lo que decretemos. «Declararás una cosa, habrá de ser firme». Siempre estamos deliberando algo, a veces conscientemente, otras, inconscientemente, y a través de cada pensamiento y cada palabra incrementamos o detenemos la tríplice actividad de la sustancia. La manifestación que resulta de ello se ajusta a nuestra capacidad de pensamiento: «Porque cual es su pensamiento en su alma, tal es él».

El aire que respiramos nunca escasea. Hay abundancia de aire, todo cuanto puedas necesitar, pero si cerrásemos nuestros pulmones y dejásemos de respirar, no tendríamos aire suficiente y podríamos asfixiarnos por falta de oxígeno. Cuando reconozcamos la presencia de abundancia de aire, y abramos nuestros pulmones para respirar hondo, inspiraremos más. Eso es lo que tendrías que hacer con tu mente con respecto a la sustancia. Disponemos de una cantidad suficiente de todo tipo de cosas, de la misma manera que disponemos de aire suficiente. La única escasez es nuestra propia incapacidad de apropiación. Hemos de buscar el Reino de Dios y apropiarnos de éste para poder recibir la plenitud.

Existe un reino donde todas las cosas abundan, un reino que puede ser encontrado por los que lo busquen y deseen cumplir sus leyes. Jesús dijo que es difícil que un hombre rico entre en el Reino de los cielos. Eso no significa que sea difícil debido a sus riquezas, dado que tampoco el hombre pobre entrará en él tan rápida y fácilmente. No es el dinero lo que impide al hombre acceder al reino, sino sus pensamientos sobre el dinero, su origen, su posesión, y su uso inapropiado. Los pensamientos de los hombres sobre el dinero se parecen a sus pensamientos sobre todo tipo de propiedad; ellos reivindican las cosas que vienen de la tierra como propiedades personales suyas, que pueden ser acumuladas y de las que se puede depender a pesar de que otros las necesiten. Esta misma creencia prevalece tanto entre los ricos como entre los pobres, y aunque las dos clases de repente se intercambiasen de sitio, las desigualdades en la riqueza permanecerían. Sólo un cambio intrínseco a la manera de pensar la riqueza podría producir una verdadera revolución.

Antes de que se produzca cualquier cambio social o económico fundamental, los hombres tienen que empezar a comprender sus relaciones recíprocas y con Dios como herederos comunes de los recursos universales suficientes para todos. Asimismo, tienen que abandonar algunas de sus ideas erróneas con respecto a sus «derechos». Han de aprender que no pueden apoderarse y exigir lo que pertenece a Dios sin verse afectados ellos mismos por las consecuencias nefastas de tal secuestro. El hombre pobre no es la mayor víctima de la acumulación de riquezas, ya que él no ha centrado su fe en las cosas materiales ni encadenado su alma a ellas. Los que son ricos en este mundo se atan por sí mismos a las cosas materiales debido a su dependencia de éstas, y se encuentran así en la absoluta oscuridad material.

Cada pensamiento de posesión personal ha de ser eliminado de la mente antes de que los hombres comprendan la existencia del sustento invisible. Ellos no pueden poseer dinero, casas o tierras egoístamente, dado que no poseen las ideas universales que estos símbolos representan. Ningún hombre puede apoderarse de una idea haciéndola propia para siempre. Puede poseer su símbolo material durante un breve tiempo en el plano fenoménico, pero son precisamente éstas las riquezas que «la polilla y el orín corrompen, y donde los ladrones minan y hurtan».

Los bienes más apreciados que poseen los hombres son su educación, sus negocios, sus habilidades o sus talentos intelectuales. Los ministros de los evangelios poseen su erudición y su elocuencia, y se enorgullecen de estas posesiones espirituales. Pero incluso éstos son pesos de los que hay que desprenderse antes de poder acceder al Reino de los cielos. El santo que se vanagloria en su sagrada bondad ha de desprenderse de su vanidad para poder entrar. Los que ambicionen hacer el bien, superar a los demás hombres en rectitud, han de abandonar sus anhelos y deseos antes de contemplar el aspecto del Padre que a todo provee.

El reino de las razones se puede comparar con el vapor contenido en una caldera de cristal. Si el cristal está limpio, se puede mirar intensamente y no ver absolutamente nada. En cambio, si se tocara una de las válvulas de escape el vapor saldría, se condensaría y se volvería visible. Sin embargo, durante este proceso perdería también su poder. De la misma manera, la sustancia existe en el reino de las ideas y es poderosa sólo si se emplea por alguien que domine sus características. El que las desconociera abriría las válvulas de la mente y dejaría fluir las ideas hacia un mundo con el que no tienen nada que ver. Las poderosas ideas de sustancia se condensarían así en pensamientos espaciales y temporales, que el ignorante, equivocándose, concibe como necesarios para poder aprovechar la sustancia. En realidad, de esta manera se perdería su poder, inaugurando un extenuante ciclo de siembra y cosecha para cumplir con las exigencias del mundo.

Es la mente que cree en la posesión personal la que limita la plenitud de la idea. El mundo de Dios es un mundo en el que los resultados siguen a las demandas. Es en este reino donde el hombre encuentra su verdadero hogar. El trabajo se acabó para el que haya encontrado este reino interior. El sustento divino se cumple sin luchas laboriosas: desearlo ya significa obtenerlo.

Éste es el segundo paso de la demostración para la persona que se haya entregado por completo a la guía divina. Ésta podrá experimentar de inmediato una felicidad mayor y de más fácil alcance de la que el mundo suele proporcionar. Existe un nivel superior en el mismo camino de iniciación a los misterios divinos. Antes de que pueda darse este paso, es necesario someterse a un proceso de limpieza mental más hondo y riguroso. De esta manera se despertarán en el cuerpo toda una serie de facultades más elevadas, y se abrirán nuevas posibilidades de expresión al poder del Espíritu, no sólo por lo que atañe al cuerpo, sino también con respecto a los asuntos individuales. Conforme avance con el ejercicio de esas facultades, podrá encontrar algunas de ellas obstruidas bajo los restos del pensamiento muerto, hecho que llevará a someterse a un nuevo proceso de limpieza. Cumpliendo con las leyes del Espíritu y deseando obedecerlas sin reparos o protestas, la vía será fácil. Sin embargo, interrogándose y discutiendo, como hizo Job, se tropezará con muchos obstáculos y su viaje será largo y aburrido.

Asimismo, el que busque el reino de la sustancia por la posibilidad de sacar panes y peces al final se quedará decepcionado. Podrá obtenerlos, eso es muy probable; sin embargo, si se quedara en su alma algún tipo de deseo de utilizarlos para su propio beneficio, el resultado final sería desastroso.

Muchas personas buscan la ayuda del Espíritu para que éste las sane de sus enfermedades físicas. No anhelan una vida más elevada, pero viendo reducidas sus codicias y pasiones debido a sus dolencias físicas, quieren eliminarlas para poder seguir con su vida terrenal. La experiencia de todos los que ya han conocido el camino del Espíritu es por sí misma un vigoroso estimulante para el cuerpo. Restablece la vitalidad del cuerpo hasta que éste se vuelve más sensible al placer o al dolor de lo que era antes de enfrentarse a la aceleración espiritual. Esta sensibilidad extrema lo hace más susceptible y rápidamente propenso al desperdicio para seguir gratificando sus indulgencias. Esta es la razón por la que aquellos que se someten a una transformación espiritual tendrían que aprender por completo la Verdad del Ser. Se les debería enseñar que satisfacer las pasiones del cuerpo es un pecado contrario a su éxito en el camino de la vida y especialmente en lo que atañe a sus finanzas y prosperidad. Con el desperdicio de la sustancia, se empieza a experimentar todo tipo de escasez. El castigo siempre sigue a la indulgencia y a las pasiones. Tanto los santos como los pecadores sufren en este valle de locura dominado por el deseo de experimentarlo todo. La alternativa es entregarse a los asuntos del Padre. Haz un pacto claro y minucioso con el Padre, deja los deseos, los apetitos, y las pasiones a Sus pies y comprométete a utilizar toda tu sustancia en la forma más elevada. De este modo estarás buscando el reino, y el resto llegará solo.

Queremos hacer duradera y perdurable esta sustancia que la fe proporciona a nuestra mente para no perderla cuando los bancos quiebren o los hombres hablen del apocalipsis. Debemos pensar en nuestra economía como si la consciencia de la permanencia de la sustancia omnipresente se albergase en nosotros mismos. Algunas familias acomodadas consiguen hacer duraderas sus riquezas mientras que otras las disipan en el plazo de una generación porque no tienen consciencia de la sustancia que se alberga en ellas. Para la mayoría de nosotros puede darse tanto la abundancia como la escasez de dinero y por esto necesitamos que este tipo de consciencia sea duradera. No hay motivo para que no tengamos un flujo continuo de abundancia tanto en entrada como en salida. Si recibimos profusamente, de la misma manera tenemos que dar y hacer circular la sustancia, confiando en la certidumbre de que nuestro sustento es ilimitado y está siempre a nuestro alcance en la omnipresente Mente de Dios.

Gracias a este conocimiento podemos asumir también «los tiros penetrantes de la fortuna injusta», las depresiones, las pérdidas y los fracasos financieros sin dejar nunca de ver a Dios como abundancia de sustancia a la espera de manifestarse. Eso es lo que quería decirnos Pablo enseñándonos a contar con «toda la armadura de Dios, para resistir en el día malo». La sustancia que se manifestó en nuestros asuntos pasados sigue aquí. Es la misma sustancia y nadie puede quitárnosla. Aunque parezca que se produzca una falta de materia, hay sustancia más que suficiente para todos. Estamos rodeados por ella. Como el pez, podríamos preguntarnos: «¿dónde está el agua?», cuando en realidad estamos viviendo y nos movemos y existimos en ella. La sustancia espiritual abunda, gloriosa, en el agua, en el aire, en todas partes. Haz tuya esta idea y quédate con ella. No te dejes alejar de tu vivencia espiritual en la prosperidad y riqueza de Dios, y el sustento empezará a llegar desde el éter y la abundancia se hará cada vez mayor en tus asuntos.

Jesús estaba tan dotado de sustancia espiritual que cuando una mujer tocó Sus prendas, su poder curativo se desprendió de ellas y ella se sanó inmediatamente. Había miles de personas en la multitud, pero sólo la mujer que tuvo fe en la sustancia pudo beneficiarse de ella. Ya estaba dentro de su consciencia, y ella sabía que sus necesidades se cumplirían una vez establecido el contacto. Ésta es una lección para todos nosotros. Sabemos que la potencia se manifiesta en todas partes, ya que podemos verla en el mundo mecánico. Una gran locomotora sale de su depósito moviéndose despacio al principio, pero una vez adquiera velocidad correrá rápida por la vía como un rayo. Así funciona la fuerza espiritual. A partir de un pensamiento muy pequeño adquiere velocidad y al final se convierte en una idea poderosa. Cada uno de nosotros puede fortalecer su dominio del pensamiento de la sustancia divina hasta que se convierta en una idea poderosa, llenando la consciencia y convirtiéndose en abundancia para todos nuestros negocios.

Una vez establecida la sustancia en tu mente, haz que sea permanente y duradera. Desarrolla tu singularidad gracias a ella. Serás una sola cosa con la única y sola sustancia viviente, que es Dios, tu plenitud. Has sido creado de esta sustancia; vives, te mueves y existes en ella; gracias a ella te alimentas y sigues prosperando.

La sustancia espiritual es firme e inamovible, duradera. No fluctúa acorde con los informes de mercado. No disminuye en los «tiempos difíciles» y no aumenta en los «buenos». No se puede esconder para provocar una carencia de provisiones y aumentar los precios. No se puede aprovechar hasta agotarse en los momentos de escasez de empleos para satisfacer privaciones. Siempre es la misma, constante, abundante, libre, circulante y disponible.

La sustancia espiritual es algo vivo, no una acumulación inanimada de pan que no pueda satisfacer el hambre o de agua que no quite la sed. Es pan vivo y agua viva, y el que se alimente de la sustancia de Dios nunca padecerá hambre o sed. La sustancia es algo perdurable, no es una cuenta bancaria que se pueda cerrar o una fortuna que se pueda perder. Es un principio perfecto cuyas dinámicas son tan ciertas como las leyes matemáticas. El hombre no se puede alejar de su provisión de sustancia de la misma manera que la vida no se puede separar de su origen. Como Dios impregna el universo y la vida impregna cada célula del cuerpo, asimismo la sustancia fluye libremente a través del hombre, ajena a cualquier límite o clasificación.

En la nueva era que acaba de empezar existirá un espíritu de prosperidad. El principio de la sustancia universal será conocido y seguido, y no habrá sitio para la carencia. El reparto de las provisiones será más justo. No habrá inmensas cantidades de trigo pudriéndose en rancios almacenes mientras gran parte de la población mundial siga hambrienta. No habrá sobreproducción o despilfarro u otras desigualdades en la distribución del sustento, porque la sustancia de Dios será reconocida y utilizada por todas las personas. Los hombres no acumularán fortunas un día para luego perderlas al día siguiente, ya que no dudarán más de la integridad de sus vecinos ni intentarán apoderarse de su parte.

¿Es ésta una utopía irrealizable? La respuesta depende de ti. En cuanto reconozcas la sustancia omnipresente y pongas tu fe en ella, te darás cuenta de que otros a tu alrededor están haciendo lo mismo. «Un poco de levadura leuda toda la masa», y hasta una sola vida que atestigüe la verdad de la ley de prosperidad acelerará la comprensión de la comunidad entera.

Quienquiera que seas y cualquiera que sean tus necesidades inmediatas, tú puedes demostrar la ley. Si tus pensamientos te confunden, aclárate y aprende. Aclárate y aprende que eres una misma cosa con la sustancia y con la ley de su manifestación. Repite con convicción:

> *«Yo soy sustancia del Espíritu,*
> *fuerte e inamovible».*

Así abrirás la puerta de tu mente a un flujo de ideas repletas de sustancia. Cuando lleguen, utilízalas libremente. No vaciles o dudes sobre su eficacia. Son ideas de Dios que recibes como respuesta a tus ruegos y para satisfacer tus exigencias. Son sustancia, inteligentes, amorosas, deseosas de cumplir con tu necesidad.

Dios es el origen de una poderosa corriente de sustancia, y tú eres un afluente de esta corriente, un canal de su expresión. Bendecir la sustancia aumenta su flujo. Si tu provisión de dinero escasea o tu monedero parece vacío, cógelo en tus manos y realiza un ritual de bendición. Imagínalo lleno de sustancia vital lista para manifestarse. Cuando prepares tus comidas, da las gracias por los alimentos. Cuando te vistas, bendice tus prendas por cubrirte y date cuenta de que estás siempre vestido con la sustancia de Dios. No centres tus pensamientos en ti mismo, en tus intereses, en tus ganancias o pérdidas, sino deja que la naturaleza universal de la sustancia se haga realidad. Cuanto más consciente te hagas de la presencia de la sustancia divina, más se manifestará ésta para ti, y las riquezas serán el bien común para todos.

No te conformes con las palabras de otros, sino prueba la ley por ti mismo. La comprensión de la sustancia por parte de otros no garantizará tu sustento. Has de alcanzar por ti mismo tu consciencia de ella. Identifícate con la sustancia antes de hacerla tuya; cambiará tus financias, destruirá tus miedos, acabará con tus preocupaciones, y pronto empezarás a alegrarte en la sempiterna magnificencia de Dios.

Aclárate y conságrate al gran origen. Mira con los ojos de la fe el mundo entero repleto de sustancia. Visualiza la nieve de copos de oro rodeándote y declara con seguridad:

«Jesucristo me está elevando ahora mismo a Su consciencia de la omnipresente sustancia de Dios que a todo provee, y mi prosperidad está garantizada».

«Mi fe en la sustancia espiritual siempre presente, que aumenta y se multiplica según mis palabras, es ilimitada».

La Mente espiritual: omnipresente principio director de la prosperidad

TODO lo que aparece en el universo tuvo su origen en la mente. La mente desarrolla ideas, y las ideas se expresan a través de pensamientos y palabras. Comprendiendo que las ideas son permanentes y que desarrollan pensamientos y palabras, nos daremos cuenta de lo fútil que se revelaría cualquier intento de cambio que no se base en ellas. Eso explica por qué la legislación y las reglas externas de comportamiento son intentos de aplicación de cambios tan débiles y transitorios.

Las ideas generan corrientes de pensamiento, de la misma manera que el fuego puesto debajo de una caldera genera vapor. La idea es el motor que genera la acción y debe ocupar un lugar privilegiado en nuestra atención si queremos conseguir resultados permanentes. Los hombres formulan pensamientos, y los pensamientos mueven el mundo.

Las ideas son centros de consciencia. Tienen un polo positivo y otro negativo y generan pensamientos de todo tipo. Por consiguiente, el cuerpo de un hombre, su salud, su inteligencia, sus finanzas, de hecho todo lo que le atañe, derivan de las ideas a las que prestó su atención.

El hombre jamás tuvo un deseo inalcanzable para la providencia de Dios. De no ser así, el núcleo vital del universo sería muy débil. El deseo es el impulso que empuja hacia delante la continua evolución del alma. Nace desde el interior del hombre y se cumple necesariamente acorde con su naturaleza.

Si todo es Mente, todas las cosas que existen son expresiones de la Mente. Por consiguiente, la mente es realidad que se presenta como fenómeno. Sin embargo, la existencia de la mente es sólo uno de sus aspectos. El hecho de ser no se puede limitar al nivel de la sola existencia, ya que comprende todo un abanico de posibilidades, entre otras, la de manifestarse. La Mente presenta estos dos aspectos, ser y apariencia, visibilidad e invisibilidad. Decir que la mente es todo y al mismo tiempo negar que las cosas necesiten ser visibles para ocupar su lugar en la totalidad del mundo significa afirmar sólo una parte de la verdad.

Una idea tiene la misma capacidad de afirmar algo que una proposición. La afirmación es la respuesta a un deseo de experimentar si una proposición se basa en pruebas concretas. En la afirmación de una proposición están involucrados muchos elementos que no forman integralmente parte de la proposición, pero que son necesarios para su funcionamiento. Para resolver el más simple problema matemático se utilizan procesos de los que no queda rastro una vez encontrada la solución, aunque todos sean necesarios para conseguirla. Olvidamos en seguida los pasos gracias a los que llegamos a la solución, sin embargo no podemos prescindir de ellos y a ellos debemos nuestro resultado. El resultado correcto que corresponde a cada proceso que nos lleva a la solución es transitorio. Se pueden cambiar o corregir los pasos intermedios muchas veces, pero al final el problema llegará a una solución y el deseo resultará cumplido. Si eso es cierto en lo que atañe a un simple problema matemático, de la misma manera lo será con respecto a la creación del universo. «En la tierra como en el cielo», éste es el punto donde muchos de los que vieron la perfección y la totalidad de lo ideal no consiguieron ponerlas en práctica. Ellos niegan la apariencia visible porque no la consideran una expresión de la perfección de la totalidad.

Al no poder llegar a una solución inmediatamente visible, el estudiante metido en un problema matemático por resolver borrará todos sus intentos, aunque ya haya completado buena parte del proceso que le llevaría a la respuesta deseada. Nunca definirías como sabio al agricultor que corta el trigo hasta la borla porque no produce espigas maduras. No te apresures a sacar conclusiones. Estudia cuidadosamente cada situación en todos sus aspectos antes de decidir algo. Ten en cuenta ambos aspectos, tanto lo visible como lo invisible, lo interior y lo exterior.

El sólo hecho de que puedas pensar en un mundo ideal lleva consigo la posibilidad de que esta condición se exprese en la realidad. El ser no rehúye la posibilidad de expresarse. Pensar significa expresarse, y tú piensas constantemente. Puedes negar que las cosas del mundo exterior existan, pero viviendo en contacto con ellas, de hecho, las estás reconociendo. Creyendo en el ser, pero negándole la posibilidad de expresarse, eres «una casa dividida contra sí misma que no se mantendrá en pie».

Todos nosotros nos preguntamos alguna vez por qué no podemos comprender con mayor profundidad la verdad de lo que hacemos o por qué es necesario que la comprendamos en su totalidad, si es cierto que Dios es el infinitamente sabio presente en todas partes. Comprender es la llave del YO SOY. El hombre es el punto cardinal en la consciencia de Dios, y Su expresión. Por lo tanto, ha de comprender los procesos que conllevan dicha expresión. La Mente infinita y todas sus ideas son recursos siempre disponibles para el hombre, y todo lo que somos o seremos es el resultado de nuestros esfuerzos para alcanzar todos los atributos de la Mente infinita en nuestra propia consciencia. Sabemos que podemos acumular ideas de poder, fuerza, vida, amor y plenitud. ¿Cómo podríamos utilizarlas o expresarlas sin comprenderlo todo? ¿Y de dónde podríamos sacar nuestra comprensión excepto desde el mismo origen de todas las ideas, la única y sola Mente? «Y si alguno de vosotros tiene falta de sabiduría, pedídsela a Dios, el cual da a todos generosamente, sin zaherir, y os será dada».

Los principios matemáticos se basan en reglas. Hay una regla que tenemos que seguir para sumar una cantidad con otra; y otras reglas que tenemos que emplear cuando restemos o multipliquemos. Las ideas de la Mente divina sólo se pueden expresar siguiendo las reglas o las leyes de la mente, que requieren ser comprendidas si queremos emplearlas de manera inteligente y obtener resultados. El hombre ha sido dotado de poder y autoridad sobre todas las ideas de la Mente infinita, entre ellas la de sabiduría.

En la Mente divina, la idea de sabiduría está asociada a la idea de amor. Estas ideas son el polo positivo y el polo negativo del Principio creador. «Varón y hembra los creó.» Las ideas de Dios y Mente se expresan a través de la conjunción de sabiduría y amor. Dios ordenó que estas dos ideas fuesen fructíferas y se multiplicasen, y llenasen la tierra entera de pensamientos en forma de expresiones.

Podemos acceder al reino divino donde nacen todos los pensamientos. Creamos constantemente ideas a partir del mundo espiritual, formándolas según nuestra misma concepción de las cosas que deseamos. A veces los productos resultantes no nos gustan o no nos satisfacen, porque durante el proceso alejamos la idea de sus verdaderos padres, sabiduría y amor, desarrollándola en un ambiente de equivocación e ignorancia.

Volviendo al tema del dinero y de la riqueza, empezamos considerando la idea de pura sustancia espiritual, pero luego nos olvidamos de su aspecto sustancial realizándola en un marco material de pensamiento. Era una idea maravillosa, pero cuando la alejamos de sus padres espirituales, sabiduría y amor, se convierte en un niño rebelde y decepcionante. Aunque podamos acumular oro y plata, sin el amor y la comprensión de la sustancia, actuando de esta forma nuestras provisiones nunca serán estables o duraderas, y nos causarán preocupaciones y penas. Hay mucha gente que «no conoce el valor de un dólar», cuyo dinero va y viene, que hoy son ricos, pero mañana serán pobres. Ellos no saben que la sustancia es la realidad en que se apoya todo tipo de riqueza.

Para obtener las justas provisiones en cada momento, en un flujo uniforme que siempre sea suficiente para satisfacer cada exigencia, pero nunca tan exagerado como para convertirse en una molestia, debemos conectarnos con el Espíritu, que sabe cómo gestionar las ideas sustanciales. Muchos hombres creen que la sustancia material es limitada, y luchan para quitarse recíprocamente el dinero. Las ideas de sustancia de la Mente divina son ilimitadas e igualmente están presentes y disponibles para todos en todas partes. Dado que la labor del hombre es la de convertir las ideas sustanciales en formas materiales, éste debe encontrar una manera para conectar las ideas de sustancia con las ideas de expresión material, para que las ideas de su mente se ajusten a las ideas de la Mente divina. La fe y las oraciones son las herramientas para conseguirlo.

La parte del Padre Nuestro que reza «danos hoy nuestro pan de cada día» estaría mejor traducida con «danos hoy la sustancia para el pan de mañana». Gracias a las oraciones acumulamos en nuestra mente las ideas de Dios como sustancia para nuestro sustento y soporte. Nunca puede faltar sustancia en la Mente infinita. A pesar de lo que Dios dé, siempre le quedará abundancia para seguir dando. Dios no nos da cosas materiales, sino sustancia de la Mente –no dinero, sino ideas–, ideas que accionan las fuerzas espirituales para que las cosas lleguen hasta nosotros gracias a la aplicación de la ley.

Puede pasar que consigas solucionar tus problemas económicos en tus sueños. Los hombres piensan muy a menudo en sus problemas antes de acostarse, y consiguen solucionarlos en sus sueños o nada más despertarse. Eso ocurre porque sus mentes están tan activas a nivel intelectual que no pueden conectarse con el silencioso plan interior en donde actúan las ideas. Cuando la mente consciente se quede quieta y conectemos con nuestra consciencia superior, entonces aprenderemos a solucionar nuestros problemas y a alcanzar la prosperidad deseada.

Esa es la ley de la mente. Su principio está dentro de cada uno de nosotros, pero debemos despertar nuestra comprensión espiritual de la vida antes de que podamos actuar exitosamente según sus enseñanzas. Sin embargo, no tenemos que menospreciar la innata capacidad de comprensión del hombre. La mente que piensa y mira al aspecto físico de las cosas posee también la capacidad de mirar hacia dentro. Es la puerta a través de la que nos llegan las ideas divinas. Jesús, el Hijo del hombre, se definió a Sí mismo como «la puerta» y «la vía». Es el plan divino que las ideas lleguen a expresarse pasando a través de la mente humana. Sin embargo, por encima de todo están las ideas que existen en el primigenio estado del Ser, y ésta es la verdad que tenemos que comprender. Tenemos que tomar consciencia del origen de la sustancia. Entonces podremos disminuir o aumentar nuestras provisiones o nuestros recursos, ya que su entidad depende exclusivamente de nuestra comprensión y gestión de las ideas sustanciales.

Se está acercando un tiempo en el que no tendremos que trabajar para obtener cosas, para satisfacer nuestras necesidades físicas relacionadas con la indumentaria y la comida, porque prendas y alimentos nos llegarán gracias a la acumulación de ideas justas en nuestra mente. Empezaremos a comprender que la indumentaria representa una de las ideas de sustancia, los alimentos, otra, y que cada cosa que se manifieste visiblemente es la representación de una idea.

En el segundo capítulo del Génesis la sustancia vital se define en hebreo como ««»polvo de la tierra», de la que Adán fue creado. Por consiguiente, la sustancia elemental del Reino de los cielos o Reino de Dios se encuentra en el cuerpo del mismo hombre, un reino de Mente y sustancia. La Mente divina impregna la mente del hombre y ésta a su vez impregna su cuerpo. Su sustancia llena cada átomo del cuerpo humano. ¿Te estás concentrando en ello o sigues buscando formas externas de sustento? ¿Estás meditando y rezando para comprender esta sustancia omnipresente? Si lo estás haciendo, la comprensión llegará, llevándote prosperidad. Cuando lo hagas, tendrás la garantía de que nada podrá alejar de ti esa prosperidad. Esa es la ley, que no puede fallar una vez tomado el camino correcto.

La ley de la prosperidad ha sido demostrada más de una vez. Todos los hombres que hayan prosperado utilizaron la ley, ya que no hay otro modo de hacerlo. Quizás no fuesen conscientes de seguir métodos espirituales definidos, sin embargo, de alguna forma lograron activar la ley y aprovechar los beneficios de su acción infalible. Otros tuvieron que luchar para conseguir los mismos resultados. Recuerda que Elías tuvo que seguir rezando con convicción durante tiempo antes de obtener la lluvia. Envió fuera a su criado una primera vez, y no había rastro de lluvia. Se puso a rezar y le envió fuera una y otra vez con el mismo resultado; pero, al final, tras repetidos esfuerzos, el criado dijo que había visto una pequeña nube. Entonces Elías le dijo que se preparara para la lluvia, y la lluvia llegó. Eso demuestra que es necesario seguir intentándolo. Si tu prosperidad no se manifiesta en cuanto te pongas a rezar afirmando que Dios es tu sustancia, tu sustento y tu apoyo, no te rindas. Demuestra tu fe siguiendo hacia delante. Tienes las Escrituras para ayudarte. Jesús nos lo enseñó desde el comienzo hasta el final de Su ministerio, y lo demostró en varias ocasiones; y muchos hombres hicieron lo mismo en Su nombre.

Jesús llamó la atención de Sus seguidores sobre el reino interior de la mente, el reino de la sustancia de Dios, mostrando cómo los lirios en el campo estaban gloriosamente vestidos, mejor que Salomón en toda su gloria. No necesitamos actuar laboriosamente en lo exterior para obtener lo que el lirio hace tan silenciosa y maravillosamente. La mayoría de nosotros corremos de un lado a otro intentando solucionar nuestros problemas por nosotros mismos y manera nuestro modo, según una idea, una visión: la cosa material que buscamos. Hemos de dedicar más tiempo a la meditación silenciosa y, como los lirios del campo, ser simplemente pacientes y esperar nuestros resultados. No tenemos que olvidar nunca que las ideas de sustancia siempre existieron y siempre existirán, esas mismas ideas que formaron este planeta al comienzo y que lo sostienen hoy.

Un famoso astrónomo alemán trabajó la mayor parte de su vida anhelando saber más sobre las estrellas. Una noche, de repente y de una manera bastante rara –ya que había pensado en el aspecto espiritual de las cosas muy pocas veces– dio simplemente las gracias al universo por el perfecto orden y la armonía de los cielos. «Oh, Dios, estoy centrado en los pensamientos que proceden de Ti». En aquel instante, el alma de aquel hombre contactó y se unió con la Mente infinita. Sin embargo, aunque este contacto pueda parecer repentino, fue en realidad el resultado del largo estudio y de la profunda preparación de su mente y de su pensamiento. Jesús manifestó la misma sincronía mental con Dios en el momento de

Su milagro supremo, la resurrección de Lázaro. Sus palabras fueron: «Padre, gracias te doy por haberme escuchado. Yo sabía que siempre me escuchas».

Eso nos proporciona otro aspecto de la ley de prosperidad. Reconociendo y alabando la Presencia, dando las gracias al Padre que nos despierta espiritualmente, abrimos el camino a grandes posibilidades. Despertamos nuestra vitalidad al afirmar que estamos vivos gracias a la vida del Espíritu; nuestra inteligencia al establecer nuestra identidad con la inteligencia divina; y nuestra sustancia intrínseca al reconocerla y reivindicarla para nosotros mismos. Hemos de meditar sobre nuestra comprensión y dar sinceramente las gracias al Dios de este omnipresente reino de ideas porque podemos conectar con los pensamientos que proceden directamente de Él. Podemos dar las gracias al Padre porque Sus pensamientos se hacen nuestros y el Espíritu ilumina nuestra mente natural. Podemos iluminar nuestra mente cada vez que lo deseemos afirmando este pensamiento:

> *Te doy las gracias, Padre,*
> *porque puedo conectar con los pensamientos*
> *que proceden directamente de Ti*
> *y el Espíritu ilumina mi comprensión.*

Los pensamientos espirituales son infinitos en su potencialidad, cada uno medido según la vida, la inteligencia, y la sustancia con las que se expresa a través de la palabra. Cada palabra es un pensamiento activo y, una vez pronunciada, vibra en la sustancia que a todo provee.

La vibración más poderosa es la que se activa tras pronunciar el nombre de Jesucristo. Ése es el nombre que se pronuncia «por encima de toda norma y autoridad», el nombre que está por encima de toda norma y autoridad, concentrando en sí mismo todos los poderes en el cielo y en la tierra. Es el nombre que posee el poder de moldear la sustancia universal. Es una sola cosa con la sustancia paterno-materna y, una vez pronunciado, activa fuerzas que pueden conseguir los resultados más elevados. «Todo lo que pidiereis al Padre en mi nombre, él os lo dará». «Si algo pidiereis en mi nombre, yo lo haré». No podría existir algo más simple, fácil, o ajeno a cualquier condición para probar la eficacia de la sustancia divina. «Hasta ahora [antes de que el nombre Jesucristo llegara al mundo] nada habéis pedido en mi nombre: pedid, y recibiréis, para que vuestro gozo sea completo»

Los dichos de Jesús eran tan poderosos debido a Su comprensión de Dios. Alcanzaban el ideal divino más que todo lo que se había imaginado hasta aquel momento. Estas ideas trascendían hasta tal punto el plano del pensamiento humano, que incluso algunos de Sus discípulos no pudieron comprenderlas, y «dejaron de caminar con él». Hasta tiempos bastante recientes, muchos hombres fallaron en aprender la lección del poder de la palabra para expresar ideas espirituales. Jesús nunca fue tomado al pie de la letra; de otra forma, los hombres intentarían vencer la muerte poniendo en práctica Sus dichos. Pocos se han tomado Sus palabras con verdadera fe, no creyendo simplemente en ellas sino saturando sus mentes con ellas hasta convertirlas en carne de su carne y huesos de sus huesos, encarnadas en sus mismos cuerpos, así como Jesús quiso.

El secreto para alcanzar el éxito es convertir lo verdadero en Ser y seguir actuando de esta manera en el pensamiento, en las palabras, y en los actos. Si podemos pensar en una verdad, ha de existir alguna manera para hacerla visible. Si podemos pensar en el sustento inagotable que existe en el éter omnipresente, entonces existe una manera para que este sustento se manifieste. Una vez que nuestra mente haya aceptado eso como una verdad axiomática, empezará a buscar la manera de conseguirlo.

Jamás nadie ha visto por la totalidad de las etapas necesarias para alcanzar cierto fin. Se puede entender de forma general que se tiene que proceder de un punto a otro, pero no se podrá definir ningún detalle a no ser que se haya pisado antes el mismo terreno. De la misma manera, para que los poderes espirituales se expresen a través de nosotros, tenemos que estar dispuestos a seguir las instrucciones de alguien que ya haya demostrado su comprensión de la ley.

Todos sabemos intuitivamente que hay algo equivocado en un mundo en el que prevalezca la pobreza, y nadie crearía intencionalmente un mundo en el que tan sólo exista esta condición. En el universo de Dios no puede darse ningún tipo de escasez. Por tanto, si en algún sitio se produjera una apariencia de pobreza, tendremos la obligación de denegarla. Todos deseamos eliminar la pena y el dolor que suelen acompañar la pobreza. Ese deseo es una señal que indica cómo hacerlo. Cuando la consciencia del Reino de los cielos con su abundancia de vida y sustancia se vuelva cada vez más común entre los hombres, estas condiciones negativas irán desapareciendo.

Jesús dijo que los que busquen el Reino de los cielos obtendrán todo tipo de cosas. No tendremos que esperar hasta que accedamos por completo al reino, o alcancemos una comprensión completa del Espíritu, para que la prosperidad empiece a manifestarse, pero hemos de seguir buscando, concentrando nuestra atención en esta dirección. Entonces las cosas empezarán a llegar solas. Hoy en día miles de personas están poniendo en práctica la ley, aceptando la promesa de las Escrituras y entregándose a Dios para que cumpla con sus necesidades. Al comienzo de su búsqueda muy pocas cosas les animaban a creer que las provisiones y la ayuda llegarían. Pero siguieron buscando y actuando como si ya estuviesen recibiéndolas, y poco a poco se les abrieron nuevas maneras de vivir la vida. En ocasiones tuvieron que atravesar tierras extranjeras, pero siguieron buscando el Reino de Dios con placer y ánimo, alegrándose en su creciente magnificencia.

Algunas personas utilizan sabiamente su talento. Aunque sin llegar a ver al Santo entre los santos en su recogimiento interior, se le están acercando. Ése es el paso que se tiene que dar: empezar a buscar el reino de la sustancia de Dios. Confía en la promesa y verás los resultados en las corrientes mentales que se activarán a tu alrededor. Probablemente no te enterarás del momento exacto en el que empiece a tener éxito, o de cuando las palabras de lealtad hacia el Padre den sus primeros frutos, pero conforme pasen las semanas o los meses te darás cuenta de los numerosos cambios que se producirán en tu mente, tu cuerpo, tu vida. Verás tus ideas ampliarse enormemente, y tu pequeño mundo limitado convertirse en un mundo inmenso. Te enterarás de que tu mente se vuelve más despierta y entenderás claramente lo de que antes habías dudado, porque habrás empezado a pensar en las realidades por encima de las apariencias. La consciencia de estar guiado por la mano del Omnipotente te dará confianza y seguridad, mejorando el bienestar de tu cuerpo y de tus alrededores. Tendrás que alejarte de cualquier tipo de crítica o prejuicio. Ser más indulgente, más generoso y menos severo en tus juicios. Los demás se darán cuenta de que se ha producido un cambio en ti y te apreciarán más, demostrándotelo en varias formas. Como prometido, las cosas llegarán solas a tu camino.

Todo eso no se limita a tus asuntos personales. También los que te rodean se beneficiarán de estos efectos, volviéndose más prósperos y felices. No relacionarán sus mejorías contigo o con tus pensamientos, pero esto no afectará su verdad. Todas las causas son mentales en su esencia, y quienquiera que entre diariamente en contacto con un nivel más elevado de pensamiento adoptará una parte de ello. Las ideas son atractivas, y nadie puede vivir en un ambiente de pensamiento verdadero, donde residen las ideas más elevadas, sin beneficiarse de sus efectos.

No creas que se va a producir milagros, sin embargo confía en que la ley con la que te has identificado solucione tus problemas gracias a las posibilidades que laten en ti y en torno a ti. Sobre todo, sé tú mismo. Deja que el Dios que te habita se exprese en el mundo a través de ti.

> *«Vosotros sois dioses.*
> *E hijos todos vosotros del Altísimo.»*

La idea de Dios comprende varias fuerzas creadoras. En este caso, estás trabajando para añadir prosperidad a tu vida. Por lo tanto, llena tu mente de imágenes y pensamientos del Padre que a todo provee. Los antiguos hebreos lo habían entendido. Disponían de siete nombres sagrados para nombrar a Jehová, y cada uno representaba una idea específica de Dios. Empleaban *Jehová-Jireh*, que significa «Jehová proveerá», para focalizarse en el aspecto sustancial, cuya sola presencia provee, a pesar de las circunstancias adversas. Para acelerar el proceso de consciencia de la presencia de Dios, los hebreos usaban el nombre *Jehová-Shammah*, que significa «Jehová está aquí», «el Señor está presente» en cuanto mente creativa, vibrando en el éter como productividad vital.

Llena tu mente de afirmaciones que expresen plenitud. No existe una afirmación específica que saque a alguien de la pobreza entregándolo a la abundancia, ya que todas las afirmaciones que conlleven ideas de abundancia pueden guiarnos hasta la consciencia que lleva a cabo la ley. Aleja la escasez de tus pensamientos y cree en la abundancia como única posible manifestación. Alégrate por lo que tengas, aunque sea poco, y esfuérzate en que aumente de forma constante.

Concentrándote diariamente en la mente del Espíritu y sus atributos, descubrirás que todas las cosas materiales están aquí en el éter a la espera de ser reconocidas y empleadas. No es indispensable conocer todos los detalles de la ley científica para alcanzar la prosperidad. Cultiva diariamente el silencio y concéntrate en la sustancia del Espíritu que te está esperando desde la fundación del mundo. Te inundará un flujo de pensamiento que llevará prosperidad a tu vida. Un buen pensamiento para favorecer esta meditación es:

> *La sustancia invisible se deja moldear*
> *por mis pensamientos de plenitud, y mi mente*
> *se enriquece con sus manifestaciones.*

La fe en la sustancia invisible: clave para la demostración

EN ESTA LECCIÓN vamos a considerar el tema de la fe, especialmente en relación a su papel para conseguir prosperidad. En este estudio, al igual que en los demás, nos centraremos en la Mente. Dios tuvo fe cuando imaginó al hombre y el universo, y creó las cosas existentes gracias a Su fe. El hombre también, pareciéndose a Dios, tiene que basar sus creaciones sobre el único fundamento de la fe. Éste es el punto de partida para generar la conciencia de la prosperidad y hacer el mundo tal como lo desearíamos. Todos tenemos fe, ya que es algo innato en cada hombre. La cuestión es cómo ponerla en práctica en nuestras circunstancias.

Jesús nos proporcionó el mejor ejemplo de comprensión de la fe cuando describió a Pedro como una «piedra» y declaró que Su iglesia, la *ecclesia* o «asamblea», tenía que construirse con esta piedra o fe como fundamento de estabilidad. En este sentido, la fe representa la sustancia, el principio fundamental en el que se apoya toda manifestación. «Es, pues, la fe la sustancia de las cosas que se esperan, la demostración de las cosas que no se ven».

Es bastante probable poseer una realidad que no se puede ver, tocar o comprender a través de ninguno de los sentidos externos. Se tratará de fe cuando seamos totalmente conscientes de las «cosas que no se ven» y tengamos la «sustancia de las cosas» aún no manifiestas. En otras palabras, la fe es nuestra consciencia interior sobre la realidad de la sustancia invisible y los atributos de la mente gracias a los que podemos actuar con ella. Hemos de saber que la mente crea cosas reales. «Es sólo un pensamiento» o «es sólo una simple idea» decimos en ocasiones a la ligera, sin considerar que estos pensamientos y estas ideas son las realidades eternas a partir de las cuales construimos nuestra vida y nuestro mundo.

La fe es el poder perceptor de la mente unido al poder de moldear la sustancia. Oyes una afirmación que te resulta llamativa y dices: «Tengo fe en esa proposición». Te describen a un hombre cuyo carácter te parece justo y dices: «Tengo fe en ese hombre». ¿Qué significa tener fe? Significa que algunas características de los hombres o de las cosas te resultan llamativas, y eso origina de inmediato una labor constructiva en tu mente. ¿Qué es esa labor? Es la labor de hacer que el hombre o la proposición sea real para tu consciencia. El carácter y los atributos de las cosas en tu mente se te volverán sustanciales gracias a tu fe. La tarea de la fe es la de coger las ideas abstractas y darles una forma definida en la sustancia. Las ideas son abstractas y sin forma para nosotros hasta que se vuelvan sustancia, la sustancia de la fe.

Una labor muy importante con respecto al desarrollo del alma es la creación de una sustancia de fe. Una vez que hayamos sido capaces de percibir esta ley de creación del alma gracias a la fe, veremos que las Sagradas Escrituras están repletas de ejemplos. El primer capítulo del Evangelio de Lucas nos habla sobre el ángel que anunció a Elisabet y Zacarías que tendrían a un hijo que se llamaría Juan. Zacarías estaba quemando incienso sobre el altar cumpliendo con sus obligaciones de sacerdote. Eso significa que cuando la mente mire hacia el Espíritu, aunque a ciegas, buscando cosas espirituales, la misma mente será espiritualizada. El hecho de quemar inciensos tipifica la espiritualización. Zacarías representa las cualidades de percepción del alma y Elisabet las de recepción. Cuando las dos funcionan juntas en la oración, la meditación y la aspiración a hacer el bien, el alma se abre a los pensamientos más elevados o ángeles que llevan la promesa de un nuevo y definitivo estado de consciencia. Zacarías dudó de la promesa de tener un hijo porque su mujer ya había pasado la edad para tenerlos, y debido a sus dudas se quedó mudo. Eso significa que cuando percibamos la Verdad espiritual y dudemos de ella, estaremos retrasando su expresión exterior, ya la verdad no puede pronunciarse y manifestarse a través de nosotros debido a nuestras dudas. Entonces todo el proceso de crecimiento interior será a cargo del alma. La misma Elisabet «se escondió durante cinco meses», pero cuando el alma empiece a sentir la presencia de un nuevo yo o un nuevo estado de consciencia, entonces volveremos a la expresión de la fe: así como se restableció la facultad de habla de Zacarías.

Pasó lo mismo con la anunciación del nacimiento de Jesús. Inicialmente fue prometido a María, y asegurado a José, que el niño sería hijo del Espíritu Santo. Eso corresponde a un nivel aún más elevado en la labor de la fe. La anunciación de Juan el Bautista es la percepción intelectual de la verdad. El intelecto alcanza la Verdad antes de todo. El siguiente paso es llevar la sustancia y la vida a manifestarse en la consciencia. Una vez que nos hayamos entregado por completo al Espíritu, podremos hacer cosas sin saber exactamente por qué. Esto se deberá a que la fe estará actuando en nosotros, y aunque no conozcamos la ley y no podamos explicar la fe a la conciencia exterior, ella seguirá actuando en su perfección para beneficiarnos finalmente de todo lo que necesitemos.

No temas el poder que realiza las cosas en lo invisible. Cuando percibas fuertemente algo que tu mente interior reconoce como verdadero y bueno, aprovéchalo y conseguirás lo que quieras. Así es cómo funciona la fe viva, y esa es la ley de tu palabra creadora.

La fe puede aportar también comprensiones adicionales. Cuando Jesús llevó a cabo algunas de Sus obras más relevantes, con él estaban Pedro, Santiago y Juan; Pedro representa la fe; Santiago, la sabiduría o el juicio y Juan, el amor. Estas tres facultades, utilizadas juntas en la mente pueden conseguir milagros. Te has entregado a lo espiritual, tienes fe en Dios, y has cultivado tu unidad con la Mente; si ahora utilizas tu capacidad de juicio espiritual y lo haces con amor, te habrás convertido en «un maestro en Israel».

Para conseguir la comprensión de la ley gracias a la que tenemos más o menos éxito en la utilización de la sustancia invisible, hemos de emplear criterio o capacidad de juicio. Existe una inteligencia siempre presente que podemos aprovechar para que nos guíe. Es nuestra. Nos pertenece y es nuestro derecho innato tanto conocerla como utilizarla. Algunos metafísicos creen erróneamente que tienen que vivir experiencias desagradables para luego apreciar las cosas buenas de la vida. Consideran la pobreza como una bendición porque educa a la gente a apreciar la riqueza una vez obtenida. Sostienen que es la voluntad de Dios que tengamos alternancia de tiempos fáciles y difíciles, de abundancia y escasez. Pero eso no es lógicamente cierto si consideras a Dios como un principio. Si consideraras a Dios como a un hombre que dé y quite arbitrariamente ejerciendo su voluntad personal, entonces podrías llegar a una conclusión de este tipo. Pero Dios es inmutable, y si dejase de dar durante un momento tendría que seguir haciéndolo eternamente. Su naturaleza es la de dar, y es eternamente la misma. Cuando hables de tiempos difíciles, escasez, carencia, estarás hablando de algo que no existe en la Mente de Dios. No estarás reconociendo a Dios con todas tus posibilidades, más bien te estarás entregando al error y afirmando que el mundo tiene su origen en las cosas exteriores. Tendrás entonces que volverte hacia atrás y regresar a la conciencia de que en la Mente, y en el Espíritu, hay abundancia.

Muy a menudo nos preguntamos cómo Jesús pudo multiplicar los cinco panes y los dos peces para satisfacer el hambre de cinco mil personas. Eso fue posible gracias a la comprensión rigurosa de esta ley. Los cinco panes representan la aplicación de los cinco sentidos a la sustancia divina. Los dos peces representan la levadura o el poder de multiplicación aplicado a la sustancia, el origen del aumento.

Sabemos que si dejásemos crecer la levadura de una sola forma de pan, se podría llenar un espacio tan grande como este planeta. Eso significa que no hay límite al poder de crecimiento de la sustancia elemental. Podemos emplearla de la misma manera que lo hizo Jesús. No es un milagro, sino una potencialidad adormecida que cada uno de nosotros lleva dentro de sí mismo y que puede aprender a desarrollar y utilizar como Jesús lo hizo.

Jesús experimentó el silencio; rezó y dio las gracias por la sustancia que le rodeaba. Si queremos multiplicar y mejorar nuestro poder, nuestra sustancia, y nuestra vida según nuestros deseos, debemos calmarnos y comprender que nuestro único recurso es el Espíritu, es decir, Dios, y que está a nuestro alcance en toda su plenitud. Estableciendo un contacto con Él gracias a la fe, lo sentiremos fluir dentro de nosotros mismos. Sin duda, algunos ya lo habrán experimentado. De todas formas, si lo dejamos escapar sin comprenderlo, no nos comportará ningún beneficio. Esa es la clave para aprovechar la vida y la sustancia que puedes sentir cuando te sientes en el silencio, pronunciando estas palabras con fuerza y autoridad.

Cuando todo el mundo está convencido de que nos encontramos en una situación de crisis, de escasa circulación de dinero, de estancamiento económico, las cosas no van como nos esperaríamos y el miedo y la preocupación empiezan a apoderarse de nosotros. Sin embargo, si creyéramos en la ley no caeríamos en este tipo de pensamiento. En cada momento muchas personas emplean la ley y aprovechan la oportunidad de ganar dinero. Debemos dar las gracias por todo lo que tenemos, para que aumente y se multiplique a través del poder de la palabra. Jesús nos dijo que Sus palabras eran espíritu y vida. ¿Has pensado alguna vez que tus palabras poseen una fuerza espiritual muy elevada? Así es. Ten cuidado con tus palabras, porque serás responsable incluso de las más insignificantes. Hablando de la sustancia de una manera negativa, tus ganancias disminuirán, si por contra hablas de ella con aprecio y alabanzas, seguirás prosperando.

Si pudiéramos liberar las energías del átomo de las que nos hablan los científicos, podríamos sustentar al mundo entero. Este poder se alberga en cada uno de nosotros. Podemos empezar difundiendo las pocas que tenemos para llenar el mundo de pensamientos de abundancia. Debemos aprender que disponemos de este poder tanto en el cielo como en la tierra, así como nos lo explicó Jesús. Él dijo a Sus apóstoles que recibirían el poder una vez que el Espíritu Santo se hubiese quedado en ellos. Les dijo que subieran a aquel espacio interior, en la cima de su cabeza, donde las fuerzas espirituales empiezan a crear nuevas ideas. Tras haber alcanzado tu comprensión y haberte despertado espiritualmente, habla con fuerza y autoridad, concentrando tu atención en la potencia de tu garganta. Puede ser muy eficaz hablar en voz alta y luego apartarse y reposar (Galileo), así como hacía Jesús, para volver a hacerlo en silencio. Puedes enviar muy lejos la energía vibratoria del Espíritu y derrotar la inercia debida a los pensamientos de miedo y escasez, encontrar nuevas soluciones, abrir nuevos caminos para que Dios se manifieste.

Para desarrollar estas cualidades espirituales debemos creer en ellas. «Es necesario que el que se acerca a Dios crea que él es.» Señor, ayúdanos a creer, a no depender de las cosas que veamos, a no juzgar según las apariencias. Puedes evocar en tu mente miles de cosas imaginarias que en cambio te parecen reales. Esa es la demostración de que el poder creativo de la mente forma las cosas basándose en sus ideas. El mundo se está preparando maravillosamente para recibir la verdad sobre el poder creativo de la mente. Las personas estudian la psicología o la cultura del alma. La imaginación crea cosas a partir de la única y sola sustancia. Añadiendo la fe a todo esto, se obtendrán cosas tan reales como las que crea Dios. Todo lo que hagas en tu mente poniendo fe en ello se volverá sustancial. Por eso, tendrás que estar siempre de guardia con respecto a tus creencias, para que puedas crear sólo lo que realmente será tu bien.

¿En qué pones tu fe? ¿En las cosas exteriores? De esta manera, estarás creando sombras sin sustancia, que se desvanecerán en cuanto el pensamiento que las sostiene se aleje de ellas, que desaparecerán así, sin dejarte nada. Si quieres alcanzar la verdadera prosperidad, tienes que alejarte de las cosas materiales y, como Jesús dijo a Sus discípulos, «tened fe en Dios». No tengas fe en nada más que en Dios, en su única y sola Mente, y alcanzarás prosperidad duradera. La Mente y Sus ideas nunca desaparecen. Dios nunca tendrá fin, como nunca lo tendrán la Verdad y la sustancia, que son Dios. Basa tu vida en la sustancia divina, cultiva la fe en las verdaderas realidades y «haz tesoros en el cielo».

El fundamento de toda actividad es una idea. La fe es aquella cualidad de la mente que hace que esta idea sea real, no sólo para nosotros, sino también para los demás. Cuando los demás tengan fe en las cosas que haces, las verán reales y merecedoras. De esta manera, te asegurarás éxito y prosperidad. Sólo aquello en lo que tengas fe se volverá visible y merecedor. Creyendo y diciendo: «Tengo fe en la sustancia de Dios que actúa dentro y a través de mí para llevar plenitud a mi vida», tu fe empezará a actuar poderosamente en la sustancia de tu mente y obtendrás prosperidad. Cada cosa que hagas con fe dará sus frutos en tu vida. Hemos visto funcionar la ley tantas veces que ya no nos queda duda alguna de que sea así.

Las Escrituras nos enseñan muchos ejemplos de cómo hacer que las cosas lleguen a la sustancia a través de la fe. Los personajes cuyas historias leemos en las Escrituras representan las ideas que actúan en las almas de los hombres. Si creemos que tienen validez sólo con respecto al tiempo en el que vivieron, entonces estaremos pensando lo mismo sobre la fe, en lugar de sacar beneficios de ella en cada minuto de nuestra vida. Para que eso ocurra, debemos tener fe en la única y sola sustancia, como hizo Jesús, y decir: «Tengo fe en Dios».

No conseguirás prosperidad buscando la compasión de los demás para convencerles de que hagan algo por ti o te den algo, sino gracias a la comprensión de la ley de prosperidad y a la fe que pongas en ella.

Creer leal y profundamente en la aplicación de la ley de la prosperidad te asegurará éxito.

> *«Cada regalo bueno y perfecto llega del cielo,*
> *del Padre de la luz, cuya naturaleza*
> *es inmutable y siempre resplandeciente.»*
>
> *«Reconócelo en todos tus caminos*
> *y Él enderezará tus veredas.»*

Estamos ahora mismo en presencia de la Mente creativa, la Mente que creó el universo y todo lo que hay en él, tan activa en este momento como nunca lo había estado y jamás lo estará. Cuando lo hayamos comprendido totalmente, entonces podremos mejorar enormemente su actividad. Debemos comprender que Dios es Espíritu y que el Espíritu es extremadamente real y poderoso, y sin duda alguna la Realidad más sustancial en este mundo.

Puede ser muy difícil para los que basan su vida en las cosas materiales comprender que existe una vida invisible y una sustancia mucho más considerable y real que lo material. Los científicos nos cuentan que las fuerzas invisibles poseen un poder que es mucho más real y considerable que todo el mundo material. Leyendo las noticias de los últimos descubrimientos de la ciencia, que todos aceptamos y de los que hablamos, nos quedamos asombrados. Las mismas afirmaciones pronunciadas por cualquier hombre religioso se considerarían absurdas e increíbles. De hecho, la religión ha estado afirmando lo mismo de maneras diferentes durante miles de años. Por fin la ciencia la está avalando.

Comparando la sustancia y la materia entre ellas con respecto a su realidad recíproca, un famoso científico sostiene que la materia es simplemente un fallo de la sustancia universal, ya que el hombre sólo trata con la sustancia universal de su mente espiritual. Los pensamientos están relacionados sólo con la maravillosa sustancia espiritual, que se genera en nuestra consciencia según el pensamiento. Eso explica por qué tenemos que comprender el pensamiento de la sabiduría divina: para poder emplear correctamente el poder de la mente creativa, del que nos beneficiamos tanto consciente como inconscientemente.

Cada vez que digas: «estoy sin recursos» o «no tengo bastante dinero para hacer lo que querría», estarás poniendo un límite a la sustancia presente en tu misma consciencia. ¿Es ésta una demostración de sabiduría? Necesitas aumentar tus recursos, no disminuirlos. Por lo tanto, es muy importante que vigiles tus pensamientos para que lleven abundancia a tu mente y a tu vida. Repite para ti mismo: «Soy hijo de Dios, y tengo que pensar como Él piensa. Con lo cual, no puedo pensar en ningún tipo de escasez o límite». Es imposible que en la Mente universal que está en todas partes esté contemplado el concepto de *ausencia*, ya que no hay carencia en la realidad. La única ausencia es el miedo de la carencia en la mente del hombre. No tenemos que vencer la carencia, sino el miedo que tenemos de ella.

El miedo lleva al hombre a hacer planes para acumular y guardar sustancia. Eso provoca aún más miedo en los demás hombres, y la situación sigue empeorando hasta convencerles de que han de acumular los símbolos materiales de la sustancia en previsión de una posible escasez en el futuro. Probando este sistema, nos daremos cuenta de que no puede funcionar. Tenemos que comprender la ley divina del sustento y su plan original, según el que dispondremos cada día del pan suficiente. Eso es todo lo que necesitamos, simplemente que las cosas satisfagan nuestras exigencias día a día, además de la seguridad absoluta de que las provisiones seguirán disponibles cuando mañana las necesitemos. La experiencia nos enseña que esta seguridad no reside en la acumulación de provisiones, sino en la fe y en la comprensión de la verdad sobre la omnipresente y sempiterna sustancia. Lo que no cumpla con nuestras necesidades diarias no será suficiente, sin embargo, lo que sobre ya será demasiado para nosotros. Centramos nuestra vida en el fundamento de que hay abundancia suficiente para cada uno de nosotros y que la sustancia está siempre a nuestro alcance, satisfaciéndonos todo tipo de necesidad según nuestro pensamiento y nuestras palabras.

Por la mañana, nada más despertarte, empieza tu día meditando sobre tus pensamientos, como por ejemplo:

> *«¡Ojalá sean de tu agrado las palabras de mi boca, y lleguen hasta ti mis pensamientos, Señor, mi roca y mi redentor!»*

Piensa en el sentido de estas palabras durante tu meditación. Las palabras de tu boca y los pensamientos de tu corazón siempre moldean la sustancia espiritual y la llevan a expresarse. De no ser buenos, verdaderos y amorosos, el Señor no los aceptará. Tras meditar y afirmar la omnipresencia y la totalidad del bien, enfréntate a tus actividades diarias con la seguridad de que recibirás todas las cosas que necesites y que el bien llegará a ti. La tierra y la sustancia omnipresente tienen muchos nombres.

Jesús lo denominó *Reino de los cielos*. Moisés en el Génesis lo llamó el *Jardín del Edén*. La ciencia nos dice que se trata del éter. Vivimos en esta sustancia de la misma manera que los peces viven en el agua, y ella vive en nosotros y nos beneficia con todas las cosas según sean nuestros pensamientos. Cuando te dediques a tu trabajo, párate un momento y declara: «He puesto mi fe en Dios hoy para que me guíe y me proteja, vigilando mi prosperidad» o «El Espíritu del Señor me vigila hoy y hace mi vida próspera y exitosa». Decide que esta frase sea tu proclamación del día, y el Señor la realizará. Y si a lo largo del día algún pensamiento de ausencia o limitación te molestara, aléjalo de inmediato de ti mismo proclamando en voz alta: «Jehová es mi pastor, nada me puede faltar».

Cuando tu mente vuelva a acercarse al tema de la prosperidad, piensa con todas tus fuerzas en que tu prosperidad procede de Dios.

Llega a ti directamente de Dios, gracias al contacto con Su Mente en tus silencios, y te brinda abundancia independientemente del lugar en el que te encuentres. Aunque pueda parecerte que el sustento te llegue a través de canales externos, tu verdadero éxito depende de tu comprensión interior de la prosperidad. Alégrate en cualquier caso, sin embargo, no limites a Dios a un solo canal. Dirige hacia Él tus pensamientos y prosperarás.

Algunas oraciones para la prosperidad:

Siempre dispondré de todo, Señor,
porque tengo fe en Ti
y en tu omnipresente abundancia.

Tengo fe en Tus recursos todopoderosos, Señor,
y confío en Ti
para que me mantengas próspero.

Confío en el Espíritu universal de prosperidad,
y en Dios, que lo es todo
y recompensa a los que lo siguen.

El hombre: entrada y salida
de la Mente divina

LO QUE EL PADRE POSEE no son acciones y bonos, sino posibilidades divinas arraigadas en la mente y en el alma de cada hombre. A través de la mente del hombre se manifiestan las ideas, a través de su alma llega a expresarse la abundancia divina del amor.

La mente es el crisol donde las ideas se convierten en realidades. Este proceso de transformación es la química espiritual que tenemos que aprender para prepararnos a actuar de manera inteligente en el gran laboratorio de la sustancia del Padre. Aquí no hay escasez de material para que podamos dar forma a lo que queremos, y podemos siempre aprovechar estos recursos según nuestros objetivos. La comprensión profunda se traducirá en una manifestación exitosa.

El hombre que conozca el Principio tendrá una cierta seguridad interior debido a la comprensión de la Mente de Dios. Nuestro objetivo es alcanzar en nuestra consciencia una amplia comprensión de los principios sobre los que se basan la vida y la existencia. Nuestra religión se fundamenta en una ciencia que relaciona las ideas con el Principio y con otras ideas en la gran Mente universal que funciona según las leyes mentales. No se trata de una nueva religión ni de una moda pasajera, sino más bien de un proceso que evidencia lo real y lo cierto de cada religión. Gracias a la comprensión del Principio, seremos capaces de saber si una religión se basa en hechos concretos o en ideas del hombre.

Con el fin de demostrar el Principio, hay que comprender a fondo las afirmaciones de la ley. Cuanto más a menudo entregues una afirmación lógica y cierta a tu mente, más fuerte se volverá tu sensación de confianza en ti mismo. La mente del hombre se basa en la Verdad, por lo tanto cuanto más avanzada sea tu comprensión de la Verdad, más sólida se volverá tu mente. Existe una relación segura y profunda entre lo que llamamos *Verdad* y la sustancia universal del Ser. Cuando la única y sola Mente se activa en tu mente gracias a tu pensamiento, lleva consigo Su sustancia debido a la ley de atracción o solidaridad del pensamiento. Por consiguiente, cuanto más conozcas a Dios, más éxito tendrás en la gestión de tu cuerpo y de tus negocios. Cuanto más conozcas a Dios, más sano serás, y más feliz y hermoso, y mejorarás todos los aspectos de tu vida. Sabiendo cómo utilizar la sustancia universal y cómo moldearla según tus necesidades, prosperarás. La sustancia de la Mente entra incluso en el más diminuto detalle de tu vida diaria, con independencia de que comprendas o no la Verdad. Sin embargo, para alcanzar cierto grado de confianza en la gestión de la vida, del amor, de la inteligencia, y de la sustancia universal, antes tendrás que visualizar mentalmente la Verdad.

La ley controla cada una de nuestras acciones. Nada ocurre porque sí. No existen los milagros, ni la suerte. Nada ocurre por casualidad. Todos los acontecimientos de nuestra vida son el resultado de una causa y se pueden explicar según la ley de causa-efecto. Ésta es una enseñanza que se basa en la lógica innata de nuestra mente, aunque podamos dudar de ella cuando veamos pasar cosas que parecen no tener causa. Estos acontecimientos que parecen milagrosos están en realidad controlados por leyes que aún no hemos aprendido, y son el resultado de causas que todavía no podemos comprender. El hombre no saca sus conclusiones según la ley, sino según su conocimiento de la ley, por eso hay que intentar aprender más sobre ella. Dios es la ley inmutable. Creando algo perfecto, podríamos actuar según la ley y desplegar nuestra mente, nuestro cuerpo y nuestra vida, así como una flor se abre según el principio de la vida, de la inteligencia y de la sustancia innata.

El Gobierno de cada país establece leyes que rigen el comportamiento de todos los ciudadanos. Los que las dictan están protegidos por las mismas leyes que ellos crean. El Gobierno no se ocupa de hacer que la gente respete esas leyes, tarea que corresponde al departamento ejecutivo. Lo mismo pasa con la ley universal. Dios dictó la ley, pero no nos obliga a cumplirla. Disponemos de libre albedrío, y decidimos por nosotros mismos sobre nuestras acciones. Si actuamos según la ley, estaremos protegidos por ella y podremos utilizarla para nuestro beneficio. Si rompemos con la ley universal, viviremos en la estrechez, de la misma manera que los presos viven en el espacio limitado de una celda. El Espíritu Santo es el poder ejecutivo a través del cual la Mente divina aplica sus leyes.

A partir de estas consideraciones, entenderás que Dios otorgó el poder de la Mente divina a cada hombre. Utilizando tu organismo, tu cuerpo, tu mente, y tu alma, estarás actuando según la ley que Dios estableció para guiar todas Sus creaciones. Cumpliendo correctamente con esta misión, no fallarás en obtener los mejores resultados. Por contra, si vives sin seguir la ley, eso es asunto tuyo. Dios no puede ayudarte si no quieres cumplir con la ley para alcanzar riqueza, felicidad, prosperidad, y bienestar. El jurista británico Blackstone dijo que la ley es una regla de vida. Asimismo, la ley de Dios: siguiendo estas reglas de vida, te beneficiarás de la Verdad, y obtendrás todo lo que Dios preparó para ti desde la creación del mundo y el principio de los tiempos.

¿Cuáles son las reglas de la ley? En primer lugar, Dios es bueno y todas Sus criaturas también. Cuando consigas grabar eso en tu mente, sólo podrás hacer el bien y nada más que el bien llegará a tu vida. Si en cambio te dejas tentar por el pensamiento de la existencia del mal, y te sientes propenso tanto al bien como al mal, entonces tu vida reflejará esta concepción. Pero recuerda, la Mente divina no reconoce el mal ni sus manifestaciones. Por lo tanto, si te das cuenta de que estás pensando en algo negativo o que el mal podría apoderarse de ti, cambia tus pensamientos y empieza a construir células cerebrales buenas que nunca hayan escuchado nada más que el bien. Y reza: «Soy un hijo del bien absoluto. Dios es bueno, por lo tanto yo soy bueno. Toda mi vida es buena, y recibiré sólo el bien». Fundamenta tu vida en esta consciencia y vivirás en la alegría eterna, atrayendo sólo el bien. No puedo explicarte por qué eso es cierto, pero sé que lo es, y que puedes demostrártelo a ti mismo beneficiándote de ello.

Empieza a concentrarte ahora mismo en la idea superior y eterna de bondad universal que albergas en tu mente, en hablar sólo del bien, en ver bondad en cada cosa y en cada persona a través del ojo de la mente, entonces recibirás pronto todo tipo de beneficio. Los pensamientos positivos se convertirán en una costumbre para ti, y el bien se te manifestará. Podrás verlo en todas partes. Y la gente dirá de ti: «Sé que aquel hombre es bueno y leal. Confío en él. Me demuestra la bondad innata de cada hombre». Esa es la vía por la que la única Mente se expresa a través del hombre. Esa es la ley. Los que vivan según la ley alcanzarán los resultados deseados. Los que no lo hagan, obtendrán el efecto contrario.

La ley es la herramienta para alcanzar la prosperidad. No se puede ser tan feliz siendo pobres, y nadie necesita ser pobre. Es un pecado ser pobre. Podrías preguntarte: ¿Jesús ha citado alguna vez un ejemplo de pobreza vista como un pecado? La respuesta es «sí», y podrás leerlo en la historia del hijo pródigo. Se suele utilizar este texto para predicar a los pecadores morales, sin embargo estudiándolo a fondo se puede descubrir que Jesús lo utilizó para hablarnos del pecado de la pobreza y de cómo conseguir abundancia. Es una maravillosa lección de prosperidad.

El hijo pródigo tomó su dinero y se fue a un lugar lejano, donde lo despilfarró en una vida desenfrenada. Queriendo más, regresó a su casa, pero su padre no le acusó de falta de moralidad como él se esperaba, y en cambio le dijo: «Saca tu mejor indumentaria y póntela». Esa fue una lección de buen gusto. Es un pecado vestir con prendas humildes. Algunos podrán creer que ésta es una manera un poco vergonzosa de interpretar las enseñanzas de Jesús, pero hay que ser honestos e interpretarlas así como Él nos las dio, y no como pensamos que tendrían que interpretarse.

El siguiente acto del padre fue el de poner un anillo de oro en el dedo de su hijo, otra manifestación de prosperidad. El Padre desea para nosotros una riqueza ilimitada, mucho más que los medios para llevar una existencia precaria. El anillo simboliza lo ilimitado, lo que no tiene fin, además de representar la omnipresencia y la omnipotencia en el mundo visible. Cuando el padre dio el anillo a su hijo, de hecho le entregó la llave para poseerlo todo, el símbolo de su esencia de hijo y heredero de todo lo que el padre poseía. «Todo lo que me pertenece es tuyo». Cuando regresemos a Su plenitud, el Padre nos beneficiará con todo lo que es y posee: Su omnipotencia, Su omnisciencia, todo Su amor y Su sustancia.

«Poned (...) zapatos en sus pies», ordenó el padre a los criados. Los pies representan la parte de nuestra comprensión que contacta directamente con la condición terrenal. En la cabeza o «espacio superior» reside la comprensión que se conecta con la condición espiritual, pero cuando leamos en las Escrituras algo relacionado con los pies, debemos saber que tiene que ver con nuestra comprensión de las cosas del mundo material.

Luego, el padre organizó una fiesta para celebrar la vuelta de su hijo. No se tratan de esta manera a los pecadores morales. Decidimos un castigo para ellos; les enviamos a la cárcel. Pero el Padre celebra a los que se dirigen a Él pidiendo sustento, no limitándose a repartir sólo las raciones suficientes, sino sirviéndoles «becerro cebado», la sustancia universal y la vida en toda su plenitud y riqueza.

Esta parábola es una gran lección de prosperidad, porque nos enseña que las personas que dilapidan su sustancia son pecadores y al final sentirán su apremiante carencia. Pero al mismo tiempo nos demuestra que también pueden volverse nuevamente prósperos y respetuosos regresando a la Mente del Padre. La Biblia está repleta de lecciones para los delincuentes morales, no hace falta modificar el sentido de esta parábola para que se dirija a ellos, ya que se trata claramente de una lección sobre la causa de la carencia y de la necesidad. Jesús dijo claramente que los jóvenes desperdician su sustancia en «tierras lejanas», donde no se cumple la ley divina de la plenitud. Existe una relación muy estrecha entre la vida desenfrenada y la necesidad. Las personas que pierden su sustancia desperdiciándola desenfrenadamente vuelven a necesitarla tanto física como económicamente. Si queremos aprovechar correctamente la sustancia y la ley divina, debemos regresar a la consciencia del Padre y conservar nuestra sustancia corporal. Entonces la riqueza y la prosperidad se nos manifestarán de manera natural. Si no empleamos correctamente y, con seguridad, los recursos de la única y sola sustancia divina, nunca estaremos seguros. La sustancia es una de las cosas más importantes en este mundo, de hecho es su fundamento. Por lo tanto, tenemos que emplear con firmeza nuestra comprensión de ella según las leyes de Dios.

Consideremos ahora la esencia de la Verdad del Ser y observemos la ley divina, comprendiendo que nuestro Padre está siempre presente y que nos encontraremos en «tierras lejanas» sólo cuando olvidemos Su presencia. Él sigue dándonos exactamente lo que reconozcamos y aceptemos según Su ley. Podemos apropiarnos de nuestra herencia y rechazar la consciencia del Padre, pero pagaremos las consecuencias, ya que dejaremos de actuar según la sabiduría y el orden divino, provocando «hambruna» en nuestra tierra. Si, en cambio, buscamos la sabiduría divina para comprender cómo gestionar nuestra sustancia, la ley de la prosperidad se nos revelará. Para conseguirlo, declara con fe y seguridad en ti mismo: La Mente que a todo provee es mi sustento, y yo vivo seguro garantizándome mi prosperidad.

Los hombres primitivos no luchaban por los productos de la naturaleza, ya que podían simplemente recoger los frutos de los árboles y dormir entre las ramas. Cuando empezaron a vivir en cuevas, surgieron las primeras controversias, y normalmente ganaba el más fuerte. «El éxito lleva al éxito». Los que podían apoderarse de lo mejor, lo hacían, demostrando la ley según la que «a cualquiera que tiene, se le dará, y tendrá más». A primera vista puede parecer una ley injusta, pero siempre se ha impuesto en los asuntos del mundo. Jesús, el más grande entre los metafísicos, la empleó y elogió en cuanto ley divina. No habría podido hacer de otra forma, ya que es justo que el hombre posea lo que gane, que su diligencia, sus capacidades, y sus esfuerzos sean recompensados, y la pereza castigada.

Esta ley actúa en cada sector de la vida. Los que buscan las cosas que el reino material les brinda suelen encontrarlas. Los que se esfuerzan para alcanzar la excelencia moral suelen conseguirla. También los que aspiren a la riqueza espiritual serán recompensados. La ley nos proporciona lo que necesitamos y para lo que luchamos, y tanto la historia como las experiencias han demostrado su validez. Si elimináramos esta ley, el mundo dejaría de progresar y el género humano desaparecería. Sin premiar el esfuerzo, el hombre dejaría de esforzarse y la sociedad degeneraría. Podemos hablar con sabiduría del impulso interior, pero al no tener posibilidades de aplicación externa, al final dejaría de actuar.

Cuando los hombres desarrollan su espiritualidad hasta cierto nivel, descubren un abanico de facultades interiores que les conectan directamente con la Mente cósmica, y consiguen resultados a veces tan asombrosos que les pueden parecer milagros. Este supuesto milagro es la acción de nuevas fuerzas que actúan en la consciencia. Cuando un hombre estrena el poder de su alma, hace maravillas desde el punto de vista de lo material, pero en realidad sigue cumpliendo con la ley. Simplemente está actuando con una consciencia tan profunda como muy pocas veces se había manifestado antes en los grandes hombres de distintos tiempos. El hombre se diferencia de las demás creaciones de la Mente de Dios porque posee la capacidad de percibir y gestionar las ideas inherentes a esta misma Mente y de hacerlas manifestarse gracias a la fe. Por consiguiente, la evolución sigue adelante gracias a la comprensión por parte del hombre de los fundamentos de las ideas espirituales, que las llevan a expresarse en y a través de su consciencia.

Durante el desarrollo del YO SOY, el hombre necesita elaborar ciertas ideas estabilizadoras. Entre ellas, las de continuidad y de lealtad hacia la Verdad. En las Escrituras y en la vida hay muchos ejemplos de cómo el amor se adhiere a las cosas sobre las que la mente se concentra. Nada tiende a estabilizar y unificar todas las facultades mentales más que el amor. Eso explica por qué Jesús dictó como mandamiento principal que amásemos a Dios.

Cuando te pongas a pensar en Dios como sustancia presente en todas partes, inicialmente tu mente no se adherirá a la idea con continuidad. Tu atención disminuirá durante un tiempo y pensarás: «No dispongo de recursos suficientes para pagar todas mis deudas». De esta manera te habrás parado perdiendo velocidad, y tendrás que recuperarla rápido, afirmando: «No me extraviaré. Las viejas ideas son errores que no valen nada. No pueden conmigo. Yo ahora creo en esta afirmación. Dios es amor, la sustancia para mis necesidades».

Rut, la mujer moabita, tenía tanto cariño a Naomi que decidió acompañarla a Palestina. Era fiel y firme debido a su amor. ¿Cuál fue el resultado de su profunda lealtad? Se convirtió primero en segadora; luego se casó con un hombre muy rico y fue inmortalizada como una de las antepasadas de David. Hay que aprender tan considerable lección de fidelidad hacia nuestros ideales más elevados. Nada es más importante que seguir con nuestros ideales y no dejar nunca de intentar cumplir con ellos. Afirma continuamente la ley demostrando tu fidelidad hacia ella y obtendrás éxito.

Sin duda habrás entendido que existe una ley espiritual que lleva a expresar los pensamientos en los que concentramos nuestra atención, una ley mental divina y universal que es infalible. Aunque tal vez las condiciones adversas de tu pensamiento puedan haber obstaculizado tu camino hacia la prosperidad, no te alejes del sendero de la ley. Quizá te parezca estar tardando en obtener resultados, sin embargo ésta es la mejor motivación para seguir con tu ideal de actuación y no cambiar tu mente. Sé fiel al Principio, y las adversidades se solucionarán. Entonces llegará la verdadera luz y la sustancia invisible que afirmaste tan fielmente empezará a revelarse ante ti en toda su plenitud y bondad.

Jesús puso mucho énfasis en la idea de que Dios cuida a todos Sus hijos, incluidos los pájaros del cielo y las flores del campo. El Señor te viste con la sustancia del alma tan gloriosamente como lo hizo Salomón. Pero tienes que tener fe en esta sustancia de bien que a todo provee y seguir formando las cosas que desees gracias a tu continua actuación según Su ley. Aplicando con constancia esta idea en tu mente consciente, al final llegará a tu mente subconsciente y seguirá actuando ahí donde las cosas toman su forma y se manifiestan. Una vez que la sustancia invisible haya llenado por completo tu subconsciencia, entonces toda tu vida se beneficiará de ella. Te volverás más próspero y exitoso tan gradual, simple y naturalmente que ni siquiera te darás cuenta de que todo se debe a la acción divina en respuesta a tus oraciones. Sin embargo, no hay que olvidar nunca que todo lo que alimenta tu subconsciencia al final te será devuelto, por lo tanto hay que tener mucho cuidado para que los pensamientos de escasez no te afecten. Lo que siembres en tu mente, cosecharás.

Algunos de nuestros amigos bienintencionados se enfrentan a las ideas de «tiempos difíciles» de una manera que disipa la sustancia de prosperidad que acumulamos. A veces, basta un solo pensamiento negativo para alejar la sustancia; con lo cual, tenemos que volver atrás y restaurar nuestra reserva de sustancia de pensamiento. Tenemos que comprenderla con nuestra mente en toda su plenitud y no dejarla escapar ni un solo momento para no perjudicar nuestro objetivo. Antes de dormir, piensa en la abundancia de la sustancia espiritual llenando tu hogar y a las personas que lo habiten. Así el pensamiento alcanzará tu subconsciencia y seguirá actuando así estés dormido o despierto.

La ley del sustento es una ley divina, por lo tanto es una ley de la mente y actúa a través de ella. Dios no irá de compras para llevar la comida a tu mesa. Sin embargo, si sigues pensando en que Dios proveerá tus necesidades, todo en tu mente empezará a despertarse y a contactar directamente con la sustancia divina, y conforme la moldees en tu consciencia, las ideas te llevarán manifestaciones visibles de prosperidad. Las ideas llegarán a tu consciencia directamente desde su origen divino, y entonces te beneficiarás de ellas. Es una ley exacta y científica que no puede fallar. «Primero hierba, luego espiga, después grano y trigo».

Actuando en armonía con la ley universal, se puede satisfacer todo tipo de necesidad. Tu papel es simplemente el de cumplir con la ley; es decir, llenar tu mente de sustancia espiritual para que esté siempre plena de ideas mentales que lleven prosperidad a tu vida. «A cualquiera que tenga, se le dará». Sin embargo, si dejas que los pensamientos de pobreza lleguen a tu mente, entonces no estarás actuando según la ley. Arrastrarán con ellos otros pensamientos negativos, y en tu consciencia no quedará espacio para la verdad de la prosperidad. Pobreza o prosperidad, todo depende de ti. Todo lo que el Padre posee es tuyo, pero tú solo eres el único responsable por tu relación con las riquezas del Padre. Gracias a la comprensión de tu identidad con el Padre y Su abundancia, conseguirás que la sustancia vital se vuelva sustento visible.

No vaciles en pensar que la prosperidad es para ti. No te sientas indigno de ella. Deja de creer que eres un mártir de la pobreza. A nadie le gusta vivir en la pobreza, pero algunas personas parecen regocijarse en la solidaridad y en la compasión que despiertan debido a su situación desagradable. Supera la tendencia a creer que naciste para ser pobre. Nadie se queda realmente sin esperanzas hasta que se resigna al destino que cree merecer. Piensa en la prosperidad, habla de ella, no en general sino en concreto, no como si fuera algo para compartir con los demás, sino tu proprio derecho. Rechaza cada apariencia de fracaso. Aprovecha todos tus recursos y enfréntate a las dudas confiando en el apoyo, la prosperidad y el éxito; luego da las gracias por la abundancia de tu vida, consciente de cumplir el bien en la mente y en el Espíritu.

Oración para la Prosperidad
Salmo 23
(Revisado)

El Señor es mi banquero,
y administra mi cuenta.
Él me hace descansar en la consciencia
de la abundancia omnipresente;
Me da la llave de Su caja fuerte.
Reinstaura mi fe en Sus riquezas;
Me guía por el recto sendero de la prosperidad
por amor a Su nombre.
Aunque cruce por las oscuras sombras
de las deudas, No temeré ningún mal,
porque Tú estás conmigo.
Tu oro y Tu plata me infunden confianza.
Tú preparas ante mí
una vía hacia la presencia del recaudador;
Llenas mi cartera de riqueza;
mis recursos me sobran.
Tu bondad y tu plenitud me acompañan
a lo largo de mi vida,
Y haré negocios en el nombre de Dios
por muy largo tiempo.

La ley que gobierna la manifestación de las provisiones

PODEMOS AFIRMAR con certidumbre que todos los hombres intentan cumplir con su ley esencial, pero muy pocos llegan a comprenderla a fondo. Es muy importante estudiar a fondo la ley, porque podremos cumplir con sus demandas sólo conforme se haga profunda nuestra comprensión de ella y mostrar así las posibilidades que nos brinda

Leyendo las Escrituras podemos aumentar gradualmente nuestra comprensión de ellas en cuanto meras historias y empezar a comprender que son el fundamento del principio o ley de la vida. Los grandes personajes de la Biblia, en efecto, actúan según los mismos esquemas que rigen también nuestra consciencia, donde se representan las ideas. Eso hace de la Biblia el Libro Sagrado de la Vida, más que la simple historia de una población. La idea de ley está simbolizada por Moisés, que en nuestra consciencia individual es la negación, el aspecto negativo de la ley que precede a su expresión afirmativa, es decir: el «No tendrás que». Jesús, en cambio, representa la ley en su aspecto afirmativo: «Amarás al Señor Tu Dios».

Moisés no pudo entrar en la Tierra Prometida, el estado de la consciencia de cuatro dimensiones, porque allí no existía negación.

Josué, cuyo nombre significa lo mismo que Jesús, entró en la Tierra Prometida y abrió el camino para los Hijos de Israel; él representa por tanto el primer paso de la mente para alcanzar la plena consciencia de la omnipresencia y de la omnipotencia de Dios realizadas en Jesús. Moisés fue el legislador, y Jesús, según Sus mismas palabras, el cumplimiento de la ley.

Hay que empezar a enterarse de la existencia de un mundo interior de cuatro dimensiones y de sus capacidades innatas. Todo es justo en este mundo, que siempre fue y siempre será, simplemente a la espera de ser llevado a manifestarse. El Señor ha preparado un gran banquete al que todos estamos invitados, exactamente como Jesús nos contó en Sus parábolas. La sustancia se encuentra dentro de nosotros mismos y nos rodea, lista para que nos apropiemos de ella y la aprovechemos. El acto de comer es el símbolo exterior de la comprensión. Como partimos y compartimos el pan, asimismo podemos hacer con la sustancia de la mente, presente en abundancia en todas partes.

Sabemos que existe dentro de nosotros mismos una fuerza vital, que podemos despertar y activar a través del pensamiento. Todos nos hemos dado cuenta alguna vez de que es posible vencer el estado negativo de debilidad pensando en la fuerza. Algunas veces la fuerza se manifiesta nada más pensar en ella, otras hay que seguir haciéndolo durante días o semanas. Lo mismo ocurre con respecto a la ley de la sempiterna abundancia. Si los resultados parecen tardar, hay que entrenar la paciencia y la perseverancia, ya que la conciencia de la pobreza a veces se agarra con tenacidad a nuestra mente y tenemos que esforzarnos para alejarla.

Existe una ley que gobierna las provisiones del mundo, y tenemos que aprenderla y aplicarla a través de nuestra determinación mental y nuestra fe en el proceso lógico que gobierna todas las realidades espirituales. Al creer que las leyes divinas eran misteriosas y sagradas, ajenas a las personas comunes, pensamos en un primer momento que podría ser mejor dedicarnos a las leyes de los alimentos, de la medicina, y de otras tantas cosas accesorias. Sin embargo, el metafísico riguroso considera las leyes temporales como secundarias respecto a la ley de Dios, aquella única y sola ley que debemos grabar en nuestro corazón y en nuestra interioridad. Entonces algo dentro de nosotros mismos responderá de manera natural a la llamada divina. Aceptando esta Verdad, que nuestra inteligencia interior nos dice ser la única y sola ley, podremos conseguir los mejores resultados y alcanzar la prosperidad.

El mundo natural que nos rodea está gobernado por reglas en su totalidad. El mundo natural, por ejemplo, se deja guiar por el instinto. Para explicar el instinto en términos de pensamiento material se han propuesto muchas teorías. Algunos filósofos afirman que se trata de algo que se transmite de generación en generación en las células germinales. Con independencia de la veracidad de esta afirmación, hay muchas pruebas que demuestran la existencia de una ley, interna o externa a las células, que controla su proceso de formación, reproduciendo los modelos procedentes de la madre Eva y del padre Adán. Esa es la ley grabada en nuestras entrañas, no una simple figura retórica, sino un hecho reconocido. Tenemos que buscar la ley en nuestra interioridad, no en el exterior, ya que las leyes externas son secundarias con respecto a las interiores. La infinita Mente creativa ha dotado a cada uno de nosotros de una clave para comprender el funcionamiento de esta infalible ley interior: todo lo que alcancemos, tanto física como mentalmente, es una representación de la sustancia, limitada sólo por nuestra misma capacidad de pensamiento. No podemos pedir a Dios más sustancia, ya que el universo está colmado de ella. Pero podemos y tenemos que pedirLe que nos ayude a alcanzarla en nuestra mente para mejorar nuestra capacidad de comprensión. Bajo la sustancia se esconde la idea de sustancia, y el hombre está conectado con la causa de esta idea por haber sido creado a imagen y semejanza de Dios.

Podrías pensar que vivirías y actuarías mejor si dispusieras de una gran cantidad de dinero. Pero aun así las cosas no te irán mejor, a no ser que a eso se añada también la comprensión de que tienes que usar este dinero para hacer el bien, tuyo y de los demás. ¿Darías un millón de dólares a un niño para que se compre helados y caramelos?

Tienes que seguir envolviéndote hasta comprender cómo gestionar tus bienes. Así cumplirás con la ley. Las provisiones se te desvelarán conforme desarrolles la necesidad o la capacidad de utilizar la sustancia. ¡Comprendamos la ley de la sustancia y comprometámonos a cumplirla aumentando su comprensión y aprecio! Hay que rezar cada día para obtener este don. «Danos hoy nuestro pan de cada día» es una oración que responde por sí misma al cumplimiento de la ley divina.

La Mente Infinita provee legítimamente a sus hijos satisfaciendo todas sus necesidades. No deja nada al azar. Dios alimenta los pájaros en el cielo y viste las flores en los campos de la misma manera que nos alimenta y viste a nosotros mismos, a no ser que se lo impidamos debido a nuestro rechazo al aceptar Su generosidad. Pablo dijo que el cumplimiento de la ley es el amor. Eso es exactamente lo que hay que hacer, amar al Señor y a nuestros vecinos como si ellos fueran nosotros mismos, y amar nuestro trabajo. Esa es la ley, la verdadera ley interior que reside en nuestro corazón. Ya sabemos qué hacer. No tenemos que rezar o suplicar a Dios para que nos deje disfrutar de las cosas, sino meditar silenciosamente y afirmar la presencia y el poder del Gran Dispensador, y aceptar Sus regalos. Cumplir verdaderamente con la ley significa dejar de mirar el aspecto exterior de las cosas y concentrarnos en lo interior, buscando los recursos que nos permitan concentrar nuestra mente en Dios en cuanto Espíritu sempiterno, que es además sustancia y poder. Hay muchísimos pensamientos escondidos dentro de nosotros mismos; pensamientos que se encuentran atrapados en nuestra subsconsciencia a la sola espera de estar finalmente libres para que podamos sacarles provecho, que aguardan la llegada del Hijo de Dios que ponga en libertad a los prisioneros y a los presos. Aquel Hijo que está buscando ahora mismo Su expresión en nosotros; que vive en nosotros. Soltad vuestros ricos pensamientos, dejad libres vuestros poderes innatos, y aprovechad la abundante Sustancia del Padre para obtener lo que queráis.

Confiando en los potentes poderes de Jesucristo, la mente consciente dejará de controlar tu vida, vencida y reemplazada por la espiritual. La mente consciente está repleta de carencias y limitaciones; la mente espiritual sólo conoce la abundancia sin límites.

La Mente del Cristo te conecta con la mente espiritual universal. Todo te llega a través de ella, ya que es el medio para alcanzar la mente superior y universal del Padre. Únete con la integridad de la Mente del Cristo. Recuerda que estás hecho de la misma sustancia que el Señor, que eres una cosa sola con ella, y que tu prosperidad depende de eso. En cuanto empieces el proceso de unificación consciente con la vida y la sustancia interior, el bienestar impregnará cada aspecto de tu vida y de tus negocios, y prosperarás. Sigue confiando en las capacidades de esta vida interior a pesar de las apariencias exteriores, y no fallarás en llevar prosperidad a tu vida.

Según los descubrimientos de la física moderna, la sustancia se manifiesta a través de flujos de ondas de luz. Santiago dijo: «Toda buena dádiva y todo don perfecto es de lo alto, que desciende del Padre de las luces». Esa es la exacta reproducción de una afirmación científica, incluso con respecto a la utilización del plural *luces*, ya que la misma ciencia nos dice que una o más partículas de luz, los electrones, forman el átomo, la base de cualquier manifestación de materia. Con lo cual las ideas de Dios son el origen de todo lo que aparece en el mundo. Acepta eso como una verdad absoluta y fructífera, y conecta conscientemente tu mente con la Mente del Padre. Entonces te darás cuenta de que empezarás a experimentar la infinita prosperidad de la misma Esencia.

El poeta y filósofo alemán Goethe dijo: «La cosa más elevada y hermosa que el hombre posee no tiene forma». Éste es el reconocimiento de la capacidad interior del hombre de moldear la sustancia sin forma. Jesús expresó el mismo aspecto de la ley cuando dijo: «lo que ates en la tierra, será atado en los cielos; y lo que desates en la tierra, será desatado en los cielos». Este cielo es el reino mental de las ideas puras, que seguimos incorporando constantemente a nuestra mente para darles forma según nuestra fidelidad a la Verdad.

Todos los metafísicos coinciden en afirmar que éste es un proceso extremadamente importante y delicado, porque es a través de ello que desarrollamos nuestra alma. Muy a menudo se compara el desarrollo de nuestra alma con el revelado de una placa fotográfica. Primero la luz graba la imagen sobre la placa, o como dice Santiago, el regalo del «Padre de las luces». Sin embargo, esta imagen permanecerá invisible, manifestándose sólo una vez que se haya completado el proceso de revelado. La Mente Infinita ha grabado todos sus atributos en la mente del hombre, pero el hombre necesita desarrollar estas imágenes para obtener figuras claras, y hay que llevar a cabo la mayor parte de este trabajo en la oscuridad, confiando en la ley. El fotógrafo trabaja en el cuarto oscuro, sometiendo la placa a numerosos procesos. A veces se producen errores a lo largo del proceso, y el resultado final es una imagen imperfecta. De la misma manera, a veces los resultados humanos parecen distorsionados; sin embargo, la imagen grabada por la Mente creativa sigue ahí en toda su perfección. La imagen perfecta es «Cristo en vosotros, la esperanza de gloria».

Nuestro cuerpo y nuestra vida son las primeras pruebas del desarrollo de la imagen divina, pero hay ideas más elevadas flotando en nuestra mente, las verdaderas imágenes que hay que desarrollar. Nuestra mente está involucrada en un proceso que se podría denominar químico. Es muy difícil encontrar una línea de demarcación entre las reacciones físicas y las mentales, ya que siguen la misma ley. Sin embargo, lo que se imagina se puede también hacer visible gracias a la aplicación de los métodos de revelado adecuados. Cualquier cosa que te imagines haciendo, podrás conseguirla también en la realidad.

Los procesos humanos de comprensión separan el poder de imaginar las cosas del poder de ponerlas en práctica. Hay que unificar estas facultades y hacerlas actuar juntas, ya que cuando la imaginación y la voluntad actúen juntas, todas las cosas se volverán posibles para el hombre. En las Escrituras, la voluntad está simbolizada por el rey. El rey Salomón era probablemente el hombre más rico en el mundo, y además tenía éxito en todo. Vivía en la prosperidad. Y muy importante, no pedía riquezas a Dios, sino sabiduría, ideas; ya que Dios es mente, por lo tanto Sus dones no son materiales, sino espirituales; no cosas, sino ideas. Salomón rezaba para recibir ideas que luego desarrollaba por sí mismo. Como era muy sabio, todo el mundo llegaba a su corte para aprovechar su sabiduría a cambio de riquezas. El rey de Tiro trajo el material necesario para la construcción del Templo. La reina de Saba aportó una inmensa cantidad de oro. De aquí podemos extraer la siguiente máxima: pide a Dios ideas de riqueza (sustancia) y luego haz que éstas actúen para beneficiar tu vida.

No dudes en utilizar las ideas divinas que lleguen hasta tu mente, sin embargo, no olvides su origen ni su fundación. Hay muchas personas que pueden ponerlas en práctica, que consiguen utilizar las ideas nada más recibirlas, pero muy a menudo no llegan muy lejos porque no tienen en la justa consideración la base de estas ideas, que en cambio deberían tomar como imprescindible punto de partida. Considerando la Verdad, las ideas espirituales y la sustancia como fundamento de todo, podrás construir una estructura de prosperidad que sea duradera, que no se base en falsas premisas, y que sea capaz de sobrevivir a la lluvia que caiga, a las inundaciones y al viento que sople y las golpee. No se desea prosperidad hoy y pobreza mañana. Hay que actuar para alcanzar una abundancia diaria que dure en el tiempo.

Jesús comprendió y empleó la ley para dar forma a la sustancia gracias al poder de la imaginación y de la voluntad. Cuando la mujer tocó el bajo de Sus prendas, una parte de esta sustancia, de la que era vívidamente consciente, se desprendió de Él y la sanó. Jesús se dio cuenta enseguida de que alguien Lo había tocado de manera especial. Muchas personas de la muchedumbre lo habían tocado sin que la sustancia se desprendiese de Su cuerpo, pero la mujer de fe era abierta y estaba preparada para recibir la sustancia sanadora, por lo que consiguió apropiarse conscientemente de ella, demostrando así su fe. Y Jesús le dijo que se alegrara, porque gracias a ella pudo regenerar su integridad. La misma sustancia se encontraba disponible también para muchos otros que se abarrotaban a Su alrededor, pero sólo la persona capaz de reconocerla y de hacerla suya pudo recibirla. Asimismo podría pasarnos tanto a mí como a ti en cuanto a no recibir ningún beneficio a pesar de que la sustancia se encuentra en todas partes a nuestro alrededor e incluso dentro de nosotros, a menos que reconozcamos su presencia gracias a nuestra fe y la hagamos nuestra cogiéndola por el bajo de sus prendas.

Jesús reconoció la omnipresencia de la sustancia cuando se basó en ella para multiplicar los panes y los peces, viviendo en su plena consciencia. Una vez dijo a los apóstoles que pedían de comer: «Yo tengo una comida que comer, que vosotros no conocéis». Acumuló sustancia divina en Su cuerpo, célula tras célula, reemplazando Su carne mortal con la sustancia espiritual, hasta que todo Su cuerpo se volvió inmortal. Nos lo demostró y nos enseñó cómo hacerlo. Dijo: «El que en mí cree, las obras que yo hago también él las hará; y mayores incluso que éstas las hará». ¿Por qué entonces en el mundo hay tanta gente pobre, angustiada, enferma o preocupada? Ya conocemos la vía, es decir, la ley y la sabiduría necesaria para aplicarla, y disponemos de mucha sustancia a la espera de tomar la forma que queramos, siempre y cuando actuemos según las enseñanzas del Hijo de Dios.

Existe una facultad interior que consigue apoderarse instintivamente de lo que considera propio. Hasta a los niños pequeños les gusta poseer sus propios juguetes separados de aquellos de los demás niños. No hay nada equivocado en eso, ya que se trata del funcionamiento natural de la ley divina. Es la prueba de que sabemos, en alguna parte de nuestro ser más profundo, que tenemos preparado nuestro sustento desde la fundación del mundo, y que tenemos indudablemente derecho a nuestra parte. Hay que cultivar este poder de la mente gracias al que podemos obtener todas las cosas que nos corresponden por derecho y por voluntad divina.

Estamos ahora mismo a punto de alcanzar un nuevo estado mental con respecto a lo económico. Debemos alejar la idea equivocada según la que los hombres tienen que ser pobres para ser honestos. El dinero es una herramienta para el hombre, no es su dueño. Es el hombre el que se sirve del dinero, y no al revés. Sólo aquellos que pongan el dinero por encima del hombre y le den poder idolatrándolo en sus mentes son los «ricos» a los que se refirió Jesús en Su historia sobre el camello y el ojo de la aguja. No es el dinero el que controla a los hombres, sino las ideas que los hombres tienen sobre él. Tanto las ideas de pobreza como las de riqueza pueden esclavizar a los hombres de la misma manera. Hay que aprender cómo gestionar las ideas, más que el dinero, para aprovecharlas y no dejarse dominar.

Algunos científicos afirman que se está acercando el tiempo en que los hombres podrán construir todo lo que necesiten o deseen directamente a partir del éter que nos rodea. Dejaremos así de vernos afectados por el ciclo de siembra y cosecha, porque aprenderemos a utilizar el poder de nuestra mente. Tras alcanzar el nivel de consciencia en que nuestras ideas sean tangibles, todas nuestras necesidades serán rápidamente satisfechas a través de la ley superior. El poder de tus pensamientos más intensos se volverá pronto realidad.

Cuando Jesús se enfrentó por primera vez a sus poderes mentales todavía por entrenar, fue tentado de transformar piedras en panes. Todos hemos tenido esta tentación alguna vez, y la mayoría de nosotros probablemente ha sucumbido a ella, obteniendo el pan a partir de las cosas materiales (piedras) antes que de las palabras procedentes de la misma boca de Dios. Ya sabemos que la palabra, la idea, alimenta nuestra alma. Sin embargo, tenemos que comprender que las palabras y las ideas alimentan también nuestro cuerpo y nuestros negocios, y que a no ser que la palabra sea plenamente reconocida y utilizada correctamente se produce una falta de verdadera sustancia que no nos permite conseguir la satisfacción deseada. Por suerte el «Padre sabe que necesitamos todas estas cosas», y en Su compasión y misericordia nos alimenta con la sustancia aunque sigamos intentando asimilar piedras. Buscando primero el Reino de Dios, es decir, la sustancia, las demás «cosas» nos llegarán por añadidura y podremos alegrarnos conscientemente de la plenitud de la vida, y de la abundancia de Jesucristo.

Existe una ley universal del crecimiento, que no se limita simplemente a aumentar el dinero en las cuentas bancarias, sino que actúa en cada nivel de la vida. Para que esta ley funcione de la manera más eficaz, necesita también de la cooperación consciente del hombre. Por lo tanto, tienes que emplear tu talento, cualquiera que sea, para contribuir a este crecimiento. Y tener fe en la ley. Dejar de razonar demasiado y seguir adelante gracias a tu fe y a tu valentía. Si te encuentras pensando en alguna persona o condición exterior que pueda resultarte un obstáculo, este pensamiento se volverá entonces realidad y no dejará de incordiarte, pues le habrás aplicado la ley del crecimiento. Teme todo lo que pueda volverte tímido o hacerte desperdiciar tu talento, derrotando la ley. Sigue mirando hacia la riqueza de la realidad interior, y no dejes que las apariencias exteriores te hagan vacilar.

No te estudies demasiado a ti mismo ni a tu situación presente. Si dejas que tus limitaciones aparentes se queden en tu mente, sólo conseguirás alargar su influencia y atrasar tus progresos. Un niño no se entera de nada, pero sigue creciendo. Un chico se percibe a sí mismo como ya hecho hombre. Es la mente inocente que consigue encontrar el reino. Entonces, mira hacia adelante al perfecto hombre que eres, actúa según el Espíritu y considérate el querido hijo del que el Padre se enorgullece.

Las Escrituras nos dicen que Dios nos proporciona abundancia. No tenemos que olvidarlo, ya que, en cambio, muy a menudo creemos que el crecimiento es el resultado de nuestros esfuerzos personales. Obtenemos prosperidad gracias a la intervención de la ley universal, y nuestro papel consiste en mantenerla. Si utilizamos los talentos de los que disponemos en nuestra vida, nos desarrollaremos maravillosamente, hablando de la vida, apreciándola y dando las gracias a Dios por ella. Vive plenamente tu vida alegrándote de estar vivo y conseguirás mejorar tu existencia.

No te dejes nunca controlar por el «no puedo». El hombre que lo haga creerá en las limitaciones, esconderá sus talentos bajo la negatividad y no alcanzará un nivel de vida más elevado. Piensa positivamente en el Espíritu y tendrás éxito. Todos los talentos negativos escondidos en las profundidades del pensamiento material serán resucitados por el Espíritu y convertidos en pensamientos positivos, utilizados de la manera correcta para contribuir a aumentar tu bienestar. Los apetitos y las pasiones, que son destructivos y negativos con respecto a lo material, pueden convertirse en elementos constructivos y positivos al ser empleados en los asuntos espirituales. «Bienaventurados los que tienen hambre y sed de justicia: porque ellos serán saciados.»

Si hay apariencia de escasez en el mundo del hombre es porque no se cumple correctamente la ley de abundancia. La ley se basa en la mente que actúa a través de los pensamientos y de las palabras. La clave de la manera de operar de la mente reside simbólicamente en la descripción de los seis días de la Creación que se encuentra en el Génesis. La mente del hombre recorre el mismo camino para poner de manifiesto una idea. Entre la percepción de una idea y su manifestación hay seis momentos positivos muy definidos, seguidos por un (séptimo) «día» de descanso, en el que la mente se relaja y contempla el cumplimiento de su trabajo.

Para conseguir que se te manifiesten las provisiones divinas, empieza diciendo: «Que haya luz»; es decir, que haya comprensión. Has de entender claramente el principio en el que se basa la proposición «Dios proveerá»; percibir a fondo y confiar en la única, universal, eterna sustancia de Dios, el origen de todo; y por el contrario, eliminar del pensamiento cualquier dependencia de las cosas materiales. Mientras dependas sólo del dinero estarás adorando a un falso dios y no podrás alcanzar la luz. Primero tienes que comprender que Dios, omnipresente, omnipotente, y omnisciente es el origen de todo, y que puedes aprovechar sin límites Su generosidad. Una vez conseguido eso, empezarás a obtener resultados, y podrás pasar al segundo paso: establecer un «firmamento», es decir, un lugar firme en la mente, donde lo verdadero se separe de lo aparente. Podrás hacerlo gracias al poder de la afirmación. Reconociendo que Dios es tu sustento y tu soporte, en el momento debido, tus palabras se volverán tu sustancia, la sustancia de la fe.

El tercer paso es la transformación de esta sustancia en algo tangible. «Dejad que la tierra seca se muestre». A partir de la sustancia omnipresente, tu mente puede formar lo que quiera gracias al poder de la imaginación. Si necesitas comida, imagínate copiosamente abastecido de alimentos. Una vez cumplidos los demás

71

pasos, podrás imaginar en tu mente todas las cosas que quieras y llevarlas a manifestarse en la realidad. Sin embargo, sin alcanzar antes los estados previos de comprensión y fe, por supuesto no lo conseguirás, ya que la ley creativa es sobre todo un camino disciplinado de pasos progresivos. Muchas personas intentaron la vía de la visualización y de la concentración mental, pero no tuvieron éxito porque empezaron directamente con el tercer paso, sin desarrollar antes ni la comprensión ni la fe. Siguiendo la ley y actuando según su funcionamiento ordenado, como en las etapas de la creación, no podrás fallar, ya que una vez hayas cumplido con la ley, habrás encontrado el reino que estabas buscando.

El mismo Jesús indicó el orden como el factor fundamental de la ley del crecimiento. Cuando dio de comer a la multitud, hizo sentar juntas a todas las personas. Estudiando detenidamente la historia, verás cómo todo fue preparado previamente: el reconocimiento de las ideas de partida, los panes y los peces llevados por el joven; la bendición y la oración de agradecimiento por las provisiones; y al final, la multiplicación propiamente dicha. Cada manifestación de la abundancia de la sustancia se basa en la misma ley de crecimiento y sigue los mismos pasos.

Reza, pero hazlo con oraciones afirmativas que manifiesten tu fe. Una súplica repleta de condicionales es una oración de dudas. Sigue rezando hasta que la afirmación se convierta en una costumbre para tu mente. Hay que penetrar en el pensamiento de carencia y llenarlo con la verdad de la omnipresente abundancia de Dios, para borrar la conciencia de pobreza y escasez de la faz de la tierra. Cuanto más confíes en la sencillez y en la infalibilidad de la ley, más prosperidad obtendrás, y más contribuirás a la transformación del pensamiento que provoca hambre y escasez. No serán los sabios del mundo los que consigan el nivel de espiritualidad más elevado, sino los hijos obedientes de la ley en el seno del amor infinito.

Piensa en lo que necesites como en algo ya obtenido, no como en algo que te llegará en un indefinido tiempo futuro. Dios quiere que tú lo obtengas todo ahora. Recuerda siempre la omnipresencia de Dios, y si te sorprenden las dudas, recházalas inmediatamente. Afirma: «Confío en la omnipotencia» y «Me niego a preocuparme por el mañana o incluso por el próximo minuto. Sé que Dios no fallará en cumplir con las provisiones para Su idea divina, y yo soy esta idea divina». La idea divina es el hijo, el hombre perfecto, el Cristo, creado en el sexto día. Si quieres recibir tu herencia, no has de fallar a la comprensión de este sexto día. Dios se expresa a través del hombre y se sirve del él para manifestar su perfección.

Alejar de nosotros todas las preocupaciones y confiar en el Señor no significa sentarnos sin hacer nada. «Mi Padre hasta ahora obra, y yo obro». Hay que actuar como Dios actúa; colaborar con Él, como un hijo hace con su padre. Tenemos que dar forma a lo que Dios creó. En el primer capítulo del Génesis vemos cómo actúa el Padre. Las diferentes etapas de Su método están claramente explicadas, y podremos conseguir resultados positivos sólo siguiéndolas fielmente.

Algunas personas piensan en la prosperidad como en algo separado de sus experiencias espirituales, «fuera del alcance» de la religión. Es como si ellos vivieran en dos mundos distintos: en uno, durante los seis días de la semana en los que dirigen por sí mismos su vida; y en el otro, el séptimo día, cuando dan a Dios la posibilidad de mostrar lo que puede hacer. Actuando de esta manera se encontrarán quejándose de la depresión y de la crisis, porque no conseguirán que Dios se les manifieste en toda Su plenitud. Vive toda tu vida en la gloria de Dios los siete días a la semana. Incluye a Dios en todos tus asuntos. Aprovecha este pensamiento en el silencio y haz que Dios y Su ley lleguen a tu vida: Confío en Tu ley universal de prosperidad y cumplo con sus dictámenes en cada momento de mi vida.

La riqueza de la Mente se expresa en la abundancia

LA PROSPERIDAD, según Webster, es el avance o el beneficio de algo bueno o atractivo, el exitoso progreso hacia lo querido, o el logro de un objeto deseado. El concepto *prosperidad* no significa lo mismo para todas las personas. Para el simple asalariado incluso un leve aumento de sus ingresos semanales será una señal de prosperidad, ya que gracias a él podrá mejorar las condiciones de vida y el bienestar de su familia. El hombre que en cambio se dedique a los negocios de empresa está acostumbrado a pensar en la prosperidad en términos más amplios, y no se considera próspero a no ser que el aumento en sus ganancias sea considerable. Entre estas dos, hay muchas variedades de la idea de prosperidad, que demuestran bastante claramente que ésta no reside en la posesión de las cosas sino en el reconocimiento de las provisiones y en la comprensión de la posibilidad de acceder libremente a la inagotable reserva de todo lo que es justo y deseable.

En la gran Mente de Dios no existe el pensamiento de escasez, y de la misma manera tampoco tendría que existir en tu mente. Alcanzar la prosperidad es un derecho, con independencia de quién seas o de dónde estés. Jesús dijo a todos los hombres: «Mas buscad primeramente el Reino de Dios y su justicia, y todas estas cosas os serán añadidas». Eso no significa que perteneciendo a una determinada iglesia prosperarás, ya que la «justicia» no depende de algunas específicas creencias religiosas, sino de la ley del justo pensamiento, a pesar del credo, de los dogmas, o de la religión. Piensa en la prosperidad y la alcanzarás. Cultiva la costumbre de pensar en la abundancia presente en todas las cosas, no sólo en las formas de la imaginación, sino también en las de la realidad. Jesús no separó las dos como si fueran enemigas, y dijo: «Pagad pues a César lo que es de César, y a Dios lo que es de Dios». Coloca las cosas en la justa perspectiva, primero lo espiritual y luego lo material, cada uno en la posición que le corresponda.

Antes de nada, hay que comprender que la prosperidad no es sólo una cuestión de capital o de ambiente, sino una condición creada por las ideas a las que permitimos gobernar nuestra consciencia. Cuando cambien estas ideas, también las condiciones cambiarán, a pesar de las apariencias del ambiente en el que nos encontremos, que a su vez tendrán que ajustarse a las nuevas ideas. Las personas que se encuentren de repente en una condición de abundancia sin haber antes desarrollado la conciencia de la prosperidad, verán disolverse muy pronto sus riquezas. Aquellos que nacieron y crecieron en un ambiente rico suelen quedarse en esta condición a lo largo de toda su vida, aunque no hagan nada para ganarse ni un solo céntimo, pues las ideas de abundancia están tan entretejidas en sus pensamientos que se forman parte de sí mismos, según aquella conciencia de la prosperidad en la que no existe la idea de escasez que una vida diferente habría podido mostrarles.

A veces nos preguntan si recomendamos acumular riquezas. No. La acumulación de riquezas, como ya explicamos, es inútil si no se acompaña con el desarrollo de un nivel adecuado de consciencia. Con lo cual aconsejamos más bien la acumulación de ideas de riqueza, ideas útiles, constructivas, y que sirvan para el bienestar de toda la humanidad. Independientemente del hecho de que consiga enriquecerse de verdad, el hombre que actúe según la ley verá satisfechas todas sus necesidades, porque ese hombre habrá demostrado su confianza en el poder que a todo provee y nunca falla. Probablemente no acumulará dinero en exceso, pero fortalecerá su fe y sus merecedoras ideas, una combinación que nunca dejará de atraer al dinero que le permita vivir dignamente su vida. Esta es la verdadera riqueza: no la acumulación de dinero, sino la posibilidad de acceder a los recursos inagotables de los que se puede disfrutar cada vez que se necesite satisfacer una justa exigencia. Cuando una persona alcance esta conciencia de riqueza, no necesitará acumular oro, ni acciones ni otras propiedades para garantizarse su futuro. Más bien, administrará más generosamente sus riquezas sin miedo de agotarlas, porque gracias a sus ideas justas y positivas estará siempre en contacto con la abundancia divina. Los que piensan en acumular bienes materiales, actitud que lamentablemente hoy en día prevalece en el mundo, se encuentran en una situación de desequilibrio. El miedo de perder sus riquezas los vuelve inseguros. Su prosperidad se basa en una idea equivocada sobre el origen de las riquezas, que podría llevarles hasta al desastre. El pecado de los ricos no procede de la posesión, sino del amor por el dinero, una demostración de egoísmo material que lleva a la inanición del alma.

Ser ricos no es un crimen y ser pobre no es una virtud, como a algunos reformadores les gustaría que creyéramos. El pecado reside en acumular riqueza impidiendo que circule libremente hacia aquellos que la necesiten. Los que utilizan sus riquezas para hacer obras útiles que contribuyen al bienestar del país son, de hecho, su salvación. Por suerte, hay mucha gente que ya ha alcanzado la conciencia de la prosperidad. Si todos tuviéramos conciencia de la sola pobreza, las crisis serían tan comunes aquí como en China o la India. Millones de personas en aquellos países viven bajo la continua amenaza del pensamiento de pobreza, sufriendo todo tipo de carencias, de la cuna a la tumba. El peso de este pensamiento sigue actuando negativamente en la tierra, escondiendo año tras año las provisiones y dejando hambrientas a millones de personas.

La Mente Universal controla la naturaleza y todos sus productos. «De Jehová es la tierra y su plenitud» es una gran Verdad. Lamentablemente, el hombre egoísta muy a menudo intenta sacar provecho a sus artes para adquirir el control de todo, pero por suerte al final siempre fracasa. Sólo el hombre universal devoto al Espíritu es el indiscutido poseedor de los productos de la naturaleza, y el Padre le dirá: «Todas mis cosas son tuyas». Jesús no poseía tierras, ni tampoco dinero, ya que eran los apóstoles los que se encargaban del sustento económico de la compañía. Tampoco se cargó con una cuba, como hizo Diógenes, y «no tuvo donde recostar su cabeza». Sin embargo, siempre dispuso de lo mejor, dando por sentado que todo lo que necesitaba le pertenecía. Tenía peces en sus bolsillos, y gracias al éter invisible estos peces se multiplicaban convirtiéndose en comida para miles de personas. Era rico en todo ya que vivía en la consciencia de la prosperidad y sabía que la tierra con toda su plenitud pertenece al Señor, cuyos hijos justos son los legítimos herederos y poseedores de toda cosa.

Hay que eliminar los pensamientos de preocupación y asumir el perfecto estado de despreocupación de los hijos de la naturaleza. Una vez que a esta actitud hayas añadido también la comprensión de que dispones de recursos ilimitados, habrás cumplido con la ley divina de la prosperidad.

La imaginación es un maravilloso poder creativo, que crea todas las cosas a partir de la única sustancia. Asociándola a la fe, podrás obtener cosas tan reales como las creadas por Dios, ya que el hombre es co-creador con Él. Todo lo que pienses en tu mente y en lo que confíes se volverá sustancia. Por lo tanto, debes tener mucho cuidado en elegir bien dónde poner tu fe. Si se trata de formas materiales, sombras que dejan de existir en cuanto alejas de ellas el apoyo de tu pensamiento, de hecho, estás creando sustancia temporal que desaparecerá sin beneficiarte en nada. Confía en lo real o, como dijo Jesús a sus discípulos: «Ten fe en Dios».

El verdadero objetivo hacia el que se dirige la búsqueda de toda persona es Dios. Aunque creamos que estamos buscando algo distinto, al final nos daremos cuenta de que siempre se trata de Dios. Una vez percibida Su presencia dentro de nosotros, seremos profundamente conscientes de que sólo Dios puede satisfacernos. El lugar donde nos encontramos con Dios debe ser tan seguro y puro que nunca podamos equivocarnos en oír Su voz o alejarnos de Su mirada. Este lugar, como sabemos, es la mente, la parte más íntima de nuestra alma, el Reino de los cielos que se alberga dentro de nosotros mismos.

Sin embargo, no es suficiente sentarse y pensar en la abundancia sin esforzarse más. Eso significaría limitar la ley sólo al pensamiento, mientras que el objetivo es hacer que se manifieste también en la realidad. Cultivar las ideas de abundancia es el primer paso del proceso. Pero hay también que ponerlas en práctica. Ten cuidado en hacer lo que hagas, actúa siempre con alegría y competencia, y no tendrás que preocuparte por los resultados: éste es el segundo paso para cumplir con la ley.

Puedes hacer todo gracias a los pensamientos de tu mente. Te pertenecen y puedes controlarlos, dirigirlos, mandarlos, callarlos o eliminarlos. Puedes borrar uno y poner otro en su sitio. No existe otro lugar en el mundo donde tú seas el señor absoluto. Tu derecho divino te otorga el dominio únicamente sobre tus pensamientos. Una vez que lo hayas entendido por completo y hayas empezado a ejercer el dominio que Dios mismo te otorgó, entonces descubrirás la vía para acceder a Dios, la única puerta para alcanzarLo, el recorrido de la mente y del pensamiento.

Si temes que no vas a tener recursos suficientes para satisfacer tus necesidades de mañana, de la próxima semana, del próximo año o hasta de tu vejez, rechaza este pensamiento. No te permitas pensar ni un solo momento en algo que esté fuera del reino de la bondad que todo cuida y a todo provee. Sabes perfectamente, también por experiencia, que el universo se sustenta por sí solo y que su equilibrio depende de la ley. Esta misma ley que lo sustenta todo, te sustenta a ti también en cuanto parte de la totalidad. Reivindica tu identidad según la ley, tu unicidad con el todo, y descansa en los eternos brazos de la Causa, que no conoce carencia. Si te encuentras en condiciones de pobreza, esta actitud mental atraerá hacia ti las oportunidades para mejorar tu situación. Aleja tu mente de la influencia negativa de todos aquellos que actúan pensando en los tiempos difíciles. Si tus compañeros hablan de estrecheces económicas, afirma cada vez con más fuerza tu dependencia de la abundancia de Dios.

Actuando de esta manera, te pones bajo la ley divina de la demanda y oferta que no se deja nunca influenciar por las fluctuaciones del mercado o las opiniones de los hombres. Cada vez que un pensamiento de tu fe sin reservas llegue a la parte YO SOY de ti mismo, pondrá en marcha una concatenación de causas que te llevarán a los resultados deseados. Pide lo que quieras en el nombre del Cristo, el YO SOY, la parte divina que vive dentro de ti mismo, y todas tus necesidades serán satisfechas; tanto el cielo como la tierra se apresurarán en brindarte lo que quieras. Sin embargo, una vez que hayas pedido algo, ten cuidado de estar preparado para recibirlo cuando llegue. Las personas muy a menudo se quejan de que sus ruegos se quedan sin satisfacer mientras que, en realidad, simplemente no están lo suficientemente despiertas para enterarse de que sus respuestas ya llegaron.

Si pides dinero, no te esperes que un ángel llegue del cielo llevándote una fuente dorada; más bien ten tus ojos abiertos para captar las nuevas oportunidades de ganar dinero, oportunidades que no tardarán en brindársete.

Éstos son algunos de los pasos más evidentes en el camino para conseguir la realización de tus deseos. Nadie puede recibir la clave para acceder a las provisiones del Padre antes de haber demostrado su fe y su fiabilidad. Sólo entonces podrá aprovechar libremente la generosidad divina. Si los hombres del mundo, con sus ideas egoístas de «mío y tuyo», tuvieran el poder de crear al instante todo lo que deseen sin someterse previamente a un cuidadoso proceso de purificación mental, sin duda ejercerían aún más opresiones sobre los demás, en lugar de mejorar las condiciones actuales.

El picapedrero considera un bloque de mármol en términos de horas de trabajo, mientras Michelangelo lo vería como un ángel que tiene el privilegio de sacar a la luz. Ésta es la diferencia entre los que perciben el mundo material como nada más que materia y los que, en cambio, lo miran con los ojos de la mente y de la imaginación volviéndose hacia la perfección. El pintor de un cuadro o el creador de una escultura imagina o visualiza antes las futuras obras a través de los ojos de la mente, enfatizando uno de los elementos de la imagen en caso de querer dar más fuerza a su obra, o añadiéndole amor, si busca la belleza y la pasión. No visualizará la obra perfecta hasta que combine de la justa manera todos estos elementos en su mente, y luego tendrá que sacar el máximo partido de la tela o del mármol, moldeándolo según su idea.

Nos enseñan que en el sexto día de la creación Dios «creó» a Su hombre, haciéndolo a su imagen y semejanza. Sin embargo, eso no significa que Dios se parezca al hombre, como si fuera un ser con rasgos humanos. Todos creamos las cosas según la imagen que nos hacemos en nuestra mente, pero nuestras creaciones no se nos parecen en absoluto. Dios no tiene forma, ya que es Espíritu, aunque los hombres intenten visualizar su idea. Dios es tanto la sustancia universal como la vida que la anima, además del amor que las enlaza. El hombre simplemente no puede evitar dar una forma a todas sus ideas, incluso a la idea de Dios, porque el poder de creación de su mente nunca deja de funcionar, esté despierto o dormido. Así obtenemos las cosas materiales tanto de lo exterior como de nuestra interioridad.

El poder de imaginación creativa de la mente no puede hacer nada sin sustancia para moldear. Nadie podría crear una barra de pan sin la harina y los demás ingredientes. Asimismo, aunque disponiendo de todos los ingredientes necesarios, seguiría sin poder hacer el pan al no poseer el poder de imaginar la barra en su mente. Parece una labor simple, pero en realidad el poder de hacer el pan es menos frecuente que los materiales necesarios. La harina y el agua abundan, pero sólo algunas personas saben utilizarlas de la manera correcta para obtener una barra de pan apetecible. Lo mismo pasa con respecto a la prosperidad. La sustancia está en todas partes, llenando el universo. No hay escasez. Si no conseguimos moldearla creando las cosas que necesitamos y deseamos, no es debido a su ausencia, sino a nuestra falta de comprensión sobre el modo de emplear nuestro poder creativo.

El mundo a veces se encuentra en situaciones de escasez aparente porque las personas se niegan a construir su prosperidad sobre la omnipresente y eterna sustancia interior, intentando, por el contrario, basarla en la sustancia que ven a su alrededor. Esta sustancia exterior, creada gracias al poder de la imaginación de la humanidad en los tiempos pasados, parece ser limitada, y los hombres luchan para obtenerla, olvidándose de que están dotados del poder divino para crear su personal reserva de sustancia a partir de sus ilimitadas posibilidades interiores. La lección que todos debemos aprender es la de construir nuestra prosperidad basándonos en la sustancia interior.

Aquellos que consiguen su prosperidad actuando según la ley del hombre no obtendrán nada que sea duradero. Todas sus riquezas se disolverán en un momento, ya que no se basaron en la ordenada ley de Dios, y sin el apoyo de la inmensa generosidad divina nadie puede alcanzar una conciencia suficientemente duradera de las riquezas a su alcance.

Ningún tipo de enfermedad, pobreza o cualquier otra condición negativa puede entrar en nuestra vida a no ser que la invitemos nosotros, ni siquiera puede quedarse sin que se lo hayamos pedido. La conciencia del poder que podemos ejercer es uno de nuestros placeres más grandes y forma parte de nuestra herencia divina, pero tenemos que aprender la ley y servirnos correctamente de su poder.

Los hombres pueden pensar conscientemente en la escasez porque dejan que Satanás, la serpiente de los sentidos, pueda tentarlos. El Jardín del Edén está dentro de nosotros aquí y ahora, y la sutil tentación de comer del árbol de las sensaciones nos acompaña siempre. Sabemos dominar los instintos animales de nuestro cuerpo, las «bestias del campo», y domesticarlos, convirtiéndolos en servidores más que en señores de nuestro cuerpo. En lugar de alimentarlos, tenemos que conseguir que sean ellos los que nos alimenten a nosotros. Una vez que hayamos domado nuestros animales interiores, será fácil adiestrarlos para que actúen también a nivel exterior. Cada página de las Escrituras nos cuenta esta Verdad, y podemos aplicarla a nuestra vida, ya que Dios nos dotó de la facultad de hacerlo. Hay que dominar este poder interior y empezar a emplearlo de forma constructiva.

El género humano parece haberse vuelto loco por las sensaciones. Se pueden detectar todos nuestros problemas económicos y sociales recorriendo el rastro dejado por el egoísmo del hombre terrenal. Nunca podremos superar estas condiciones exteriores sin haber antes vencido sus causas en la interioridad de nuestra alma. El ciclo de alternancia entre guerra y paz, abundancia y escasez, tiempos felices y depresiones no dejará nunca de repetirse hasta que alejemos el control de la sustancia mental del hombre terrenal y lo entreguemos al hombre espiritual. Sabemos que existe un hombre espiritual y esperamos el tiempo ideal para su llegada, pero este hombre nunca llegará a no ser que lo llevemos nosotros. Esperamos y rezamos para conseguir lo mejor; sin embargo, como Mark Twain dijo respecto al tiempo, «nadie hace nada». Tenemos que hacer algo para alcanzar el dominio de nosotros mismos, cada uno tiene que hacer su parte, si realmente quiere mejorar sus condiciones tanto física y económicamente como moral y espiritualmente.

Hay que eliminar la serpiente de las sensaciones terrenales, de la misma manera que Moisés se deshizo de la serpiente de la selva, y controlarla en el nombre de Cristo.

Elimina todos los pensamientos negativos que se asomen a tu mente. Así no gastarás tu tiempo enfrentándote a ellos, sino que te dedicarás a alcanzar una clara comprensión de la sustancia y la vida esperadas. Algunos han heredado en cierta medida las «situaciones desagradables» debido a los pensamientos negativos de la humanidad que los rodea. No dejes que eso te pase a ti también. Recuerda tu identidad, recuerda que eres un hijo de Dios y que tu herencia procede directamente de Él. Eres el heredero de todo lo que el Padre posee. Actúa de manera que el YO SOY te proteja de cualquier pensamiento negativo. Los pensamientos negativos son flechas pestilentes que amenazan nuestro entorno mental. La consciencia del YO SOY, tu Salvador, te llevará lejos del desierto de la negación guiándote hasta la Tierra Prometida de la abundancia repleta de leche y miel.

No creas que puedes perderlo todo. Deshazte de los pensamientos negativos sobre las pérdidas económicas o cualquier otro tipo de pérdida, y comprende que nada se pierde para siempre en el universo. Hay oportunidades por todas partes, existen desde siempre, para brindarte todo lo que puedas necesitar tanto económicamente como en otros ámbitos. Dios quiere que seas un creador de nuevas ideas, aquellas ideas que te llegan directamente desde tu interioridad. No pienses, ni siquiera durante un solo momento, que hay que limitarse únicamente a las ideas que llegan de lo exterior. La mayoría de estas ideas han sido superadas y ya no tienen validez ni utilidad. Eso explica por qué pasamos a través de períodos de cambios: para desprendernos de las antiguas ideas obsoletas y reemplazarlas con otras más nuevas y mejores. Han sido creados más inventos durante las épocas de crisis que en cualquier otro período de la historia. Eso demuestra que las nuevas ideas residen en la interioridad de los hombres, a la espera de que éstos las empleen y las dejen expresarse. Se pueden encontrar nuevos estilos de vida y nuevos métodos de trabajo, no hay que limitarse a las antiguas soluciones del pasado. Cuando estés en comunión con el Espíritu interior pidiéndole nuevas ideas, éstas no dejarán de llegar. Y una vez que las hayas reconocido, empezarán a manifestarse y a actuar. Entonces tanto tus pensamientos, como los de las demás personas, se añadirán a ellos y se producirán nuevas cosas. Deja de depender servilmente de alguien por cada cosa y conviértete en un creador, porque sólo moviéndote en esta dirección alcanzarás éxito y felicidad. Hay que concentrarse en el hombre interior, el hombre poderoso que crea las cosas, que recibe sus ideas directamente desde el reino más elevado, y que las lleva a un territorio nuevo, la tierra de Canaán.

¿Qué tipo de caracterización estás dando a la sustancia interior a través de tus pensamientos? Cambia tu manera de pensar y aumenta la sustancia en tu mente, como Eliseo hizo con el aceite para la viuda. Prepara muchos y grandes recipientes. Hasta la más pequeña de las ideas de sustancia puede ser útil y contribuir al crecimiento. La viuda poseía poquísimo aceite, sin embargo, en cuanto el profeta lo bendijo, aumentó hasta llenar cada recipiente que la mujer pudo tomar prestado a sus vecinos. Hay que aprender la costumbre de bendecir todo lo que tengamos. Quizá te parezca insensato bendecir el dinero, sin embargo haciéndolo estarás actuando según la ley de crecimiento. La sustancia es una totalidad interrelacionada tanto con lo visible como con lo invisible. La mente aprecia las cosas ya formadas y tangibles debido a la sugestión de poderlas poseer. Gracias a esta imagen, la mente empieza a sacar sustancia del reino de lo invisible, aumentando así lo tangible. Jesús utilizó una pequeña cantidad de panes y peces para obtener montones, y lo mismo hizo Eliseo con el aceite. Por ello, cada vez que te pongas a bendecir tu dinero u otros bienes, cumplirás con la ley divina del crecimiento, cuya validez ya ha sido demostrada más de una vez.

Un paso más en la consecución de la prosperidad es la preparación de la consciencia para el crecimiento. Si rezamos para obtener lluvia, tenemos que estar seguros de llevar paraguas. En el tercer capítulo del segundo libro de los Reyes se lee cómo Eliseo logró que el agua surgiera de lo invisible y llenase las zanjas del desierto. Sin embargo, antes hubo de excavar las zanjas en el terreno seco. Hacía falta mucha fe, pero los reyes tuvieron suficiente y excavaron zanjas por todo el valle, como Eliseo había ordenado. Gracias a la sabiduría de Eliseo, que conocía la verdad sobre la sustancia invisible, se cumplió tan grande milagro. De la misma manera, hay que preparar tus zanjas y tu consciencia para recibir la llegada de la sustancia universal, que se mueve según la ley de la naturaleza, como lo hacen el agua y todas las cosas visibles, y llega hasta el lugar que hayas preparado para ella, llenando todo lo que tengas en tu mente, sean recipientes, zanjas o tu cartera.

No es aconsejable reivindicar exigencias demasiado específicas. Hay que visualizar lo que necesites y saberlo aprovechar cuando se presente en tu camino. No limites la sustancia a lo que crees querer o necesitar; más bien amplía tu consciencia y deja la Mente infinita libre para actuar, y verás que todo lo que necesites no tardará en llegar. Haz que tus afirmaciones sean globales y exhaustivas, para que tu mente pueda extenderse hacia el infinito más que intentar condensar el infinito en sí misma.

Afirmaciones para ampliar la Mente
y llenarla de la riqueza de la Sustancia

La sabiduría infinita me guía,
el amor divino me hace prosperar,
y tengo éxito en todo lo que hago.

Con tranquilidad y confianza declaro
que el poder creativo del amor divino
es el imán para mi constante crecimiento.

Tengo fe sin límites en la sustancia
omnipresente que aumenta
y se multiplica en mis palabras
de abundancia, abundancia y abundancia.

Padre, Te doy las gracias
por el ilimitado crecimiento de mi mente,
mi dinero y mis negocios.

Dios concede prosperidad a cada hogar

EL HOGAR es el corazón de una nación. El corazón es el centro del amor. El amor es el poder de atracción más poderoso en el mundo. El electroimán que levanta los lingotes de acero ha de cargarse previamente con corriente eléctrica, sin la que no podría funcionar. Asimismo el corazón del hombre, o el hogar que es el corazón de una nación, ha de estar impregnado de amor divino para convertirse en un imán capaz de crear todo tipo de bien a partir de cualquier situación. Dios ha previsto sustento para cada hogar, pero las provisiones dependen de la sustancia universal, que responde sólo a la ley. Gracias a la aplicación de la ley, la sustancia puede llegar a nosotros proporcionándonos todo tipo de beneficio.

Gracias a la ley del amor podemos conseguir lo que deseemos. Como un padre hace regalos a sus hijos, así el Señor hace con nosotros, a través de Su amor. Cada vez que deseamos algo justo, estamos colocando nuestros pensamientos en el reino de la mente superior, contactando directamente con la Mente de Dios y sacando de ella la sustancia invisible que se manifiesta en las cosas temporales. De esta manera la sustancia se vuelve una parte de nuestra mente y, a través de ella, de nuestra vida. Atraemos sustancia hacia nosotros como el imán atrae el hierro. Cuando pensamos en el amor de Dios, gracias al que recibimos la sustancia necesaria para nuestro sustento, la sustancia se acumula a nuestro alrededor, y cuando tomamos conciencia de ella, empieza a manifestarse en todos nuestros asuntos.

«El perfecto amor no contempla el temor.» El miedo es un gran aliado de la pobreza, porque debilita los pensamientos positivos y deja que los negativos lleven consigo condiciones parecidas. El primer paso que hay que dar cuando se intenta obtener prosperidad en un hogar es el de deshacerse de todos los pensamientos y las palabras negativas. Crea un ambiente de pensamientos positivos en tu hogar, ajeno al miedo y repleto de amor. No dejes que las palabras de pobreza o escasez limiten el poder de atracción que el amor puede ejercer. Selecciona con cuidado sólo aquellas palabras que llenen el ambiente de tu hogar de ideas de abundancia, ya que lo semejante atrae lo semejante, tanto en lo invisible como en lo visible. A pesar de lo cierto que te pueda parecer en apariencia, no afirmes nunca algo que no quieres que exista en tu hogar. Hablando de la pobreza y de la escasez, estarás preparando el lugar donde estos huéspedes indeseados se encontrarán a gusto, queriendo quedarse a tu lado. Mejor llena tu hogar de pensamientos y palabras sobre la abundancia, el amor, y la sustancia de Dios; entonces, los huéspedes indeseados se marcharán pronto o ni siquiera aparecerán.

No digas que te escasea el dinero; lo alejarás de ti. No digas que es tiempo de crisis; cerrarás tus bolsillos hasta que ni siquiera el mismo Omnipotente pueda poner un céntimo en él. Ponte de inmediato a hablar de abundancia, a pensar en la abundancia, y a dar las gracias por ésta. Haz que todos los miembros de tu familia hagan lo mismo. Como si fuera un juego. Será muy divertido y, aún mejor, funcionará de verdad.

Cualquier hogar puede prosperar, y no deberían existir familias condenadas a la pobreza, pues esto sucede sólo por la desarmonía, el miedo, las palabras y pensamientos negativos. Cada expresión de riqueza se puede reconducir a un origen invisible. La comida procede de los cereales, que fueron sembrados en la tierra; pero ¿quién ve o conoce el amor que da vida a la semilla y la lleva a germinar? Una fuerza oculta que procede de un origen invisible actúa sobre las pequeñas semillas, haciéndolas brotar y convertirse en provisiones para la multitud.

La sustancia física que llamamos *tierra* es la forma visible de la sobreabundante sustancia mental, presente en todas partes, que impregna y mueve todo lo que nos rodea. Una vez que se haya sembrado la semilla en la tierra, el poder de dar vida del pensamiento universal actúa sobre ella para que aproveche la sustancia espiritual que la rodea, demostrando así que lo que llamamos *materia* es, en realidad, una forma de la mente. «No existe materia; todo es mente.»

Las palabras también son semillas, que crecen y proliferan en la sustancia espiritual invisible.

«¿Acaso se recogen uvas de los espinos, o higos de los abrojos?» Agricultores y jardineros eligen sus semillas con el máximo cuidado. Descartan toda semilla defectuosa que encuentran para garantizarse el mejor cultivo. Para conseguir prosperidad en tu hogar, has de llevar a cabo el mismo proceso de severa selección de las palabras que quieres sembrar.

Cumpliendo con la ley de prosperidad no fallarás en conseguir la abundancia que deseas. Por lo tanto, da las gracias por cada beneficio que recibas y agradece tanto lo que consigas gracias a tus esfuerzos como los tesoros inesperados que surjan en tu camino. Así mantendrás fuerte tu corazón; pues cada verdadera acción de agradecimiento es como la lluvia que cae sobre la tierra recién sembrada, refrescándola y aumentando su productividad. Aun contando sólo con provisiones muy escasas, Jesús dio las gracias por lo poco que poseía. Así la escasez prosperó convirtiéndose en abundancia y pudo satisfacer a toda la multitud que lo rodeaba y aún más. El acto de bendecir algo no ha perdido nunca su poder desde que Jesús lo utilizó. Pruébalo, y verás su eficacia. El mismo poder de multiplicación sigue actuando hoy en día. Rezando y dando las gracias se pone en marcha la acción vital del poder espiritual que hace que todas las cosas crezcan y aumenten.

No declares nunca que estás insatisfecho con algo en tu hogar. Si quieres que nuevas prendas o muebles reemplacen los antiguos, no hables de los que tienes como si fueran viejos o gastados. Ten cuidado con tus palabras. Imagínate vestido como un hijo del rey, y visualiza tu casa amueblada según tus ideales. Así plantarás en tu hogar la semilla de la riqueza y de la abundancia, y todo lo que quieras te llegará. Entrena las mismas paciencia, sabiduría y tenacidad que el agricultor emplea en plantar y cultivar, y así te garantizarás tu cosecha.

Tus palabras de Verdad se vigorizan y vitalizan gracias al Espíritu vital. Tu mente se abre para recibir un flujo de ideas divinas que te infundirá la comprensión de la potencia de tus pensamientos y de tus palabras, haciéndote prosperar. Tu hogar es un imán de amor, que atrae hacia sí todo tipo de bien desde la perfecta e inagotable reserva de sustancia. Gracias a la correcta aplicación de la ley de Dios, tu hogar nunca dejará de crecer.

> *«La bendición del Señor es lo que nos enriquece, y nada le añade nuestro esfuerzo».*

Jesús enseñó a los hombres cómo vivir en paz y tranquilidad una vida sencilla. En aquellos lugares donde se recibe y aprecia la sencillez de Sus enseñanzas, las personas cambian su estilo de vida, acabando con la ostentación y entregándose a la simplicidad y a la belleza de las cosas que merecen la pena. Cada verano, los que pueden hacerlo planifican ir de vacaciones, y muchas personas eligen un lugar apartado en los bosques para vivir un vida sencilla y sana en contacto con la naturaleza. Eso demuestra que numerosas personas desean alejarse de la pesadez de lo convencional y acercarse al núcleo real de las cosas. El alma se cansa del desgaste diario y sufre por la artificialidad del mundo, así que de vez en cuando necesita un período de descanso. Jesús pidió: «Venid a mí todos los que estáis agotados y cargados, y yo os haré descansar».

Existe una diferencia fundamental entre la vida simple y la pobreza. Mucha gente suele asociarlas en su mente, y eso explica por qué rehúye de la idea de vida sencilla. Incluso los que han alcanzado cierto nivel de comprensión espiritual a veces rechazan del todo cualquier pensamiento sobre un estilo de vida simple, porque temen que los demás puedan creer que no alcanzan la prosperidad. En estos casos, los que juzgan deberían recordar que «no hay que juzgar según las apariencias», y las víctimas de estos prejuicios tendrían que encontrar más satisfacción con el elogio de Dios que con el de los demás hombres. Aquellos que basen su prosperidad en el mero hecho de poseer cosas materiales alcanzan una prosperidad puramente material que, aunque inicialmente pueda parecer la consecución de un gran resultado, inevitablemente desaparecerá, porque se funda más en las fluctuaciones exteriores que en la consciencia.

Los hogares de casi todas las personas con ingresos similares suelen parecerse mucho entre ellos. Inconscientemente, cada uno se deja sugestionar y amuebla su hogar con la misma clase de objetos que sus vecinos. Sin embargo, siempre hay excepciones y alguien expresa su individualidad, venciendo la sugestión de las masas y comprando el tipo de muebles que desea de verdad o que se revela realmente cómodo y útil para él. Este espíritu libre e independiente tiene más posibilidades de alcanzar un nivel elevado de prosperidad. La falsa ilusión, necesaria para lucir riqueza frente a los demás o poseer más de lo que ellos posean, genera un estado de preocupación espiritual constante que dificulta el empleo de la fe en la obtención de la prosperidad.

Un estilo sencillo de vida no supone pobreza ni ascetismo. Es ajeno tanto a la austeridad como al lujo más desenfrenado. Simplemente se trata de una vida natural, libre e inocente, y nadie podrá conocer realmente la verdadera prosperidad sin haber alcanzado antes esta simplicidad e independencia interior. La vida simple es un estado de la consciencia, de paz, de satisfacción, y felicidad de vivir y amar, que se puede alcanzar pensando en Dios y alabándolo en el espíritu y en la verdad.

Puedes aprender cómo conseguir prosperidad en tu hogar a través del correcto empleo de los poderes y de las capacidades que Dios te dio. Antes de nada, confía en que dispones realmente de estos poderes y capacidades. Posees todo lo necesario para conseguir que tu vida sea próspera y puedes asumirlo con la mayor fe y confianza. Puedes aprovechar la sustancia omnipresente durante toda la eternidad, ya que al estar hecha de ideas nunca disminuirá. Gracias al pensamiento puedes llevar algunas de estas ideas a tu mente, donde empezarán a actuar para que tus negocios prosperen.

El amor es el pensamiento o sentimiento más poderoso y nos proporciona la llave para aprovechar la infinita reserva de abundancia del universo. Nos abre las puertas de la generosidad, y las abrirá también a los demás una vez que hayamos empezado a amarlos y bendecirlos. ¿Nos abrirá también la puerta de la casa de Dios? Por supuesto que lo hará, y de hecho lo hace a diario aunque no nos demos cuenta. Si amas y das las gracias a Dios con consciencia, muy pronto lo que anhelas, aparecerá en tu camino. Te sorprenderás de cómo simplemente pensando en Dios atraerás hacia ti lo que deseas y necesitas, y eso te hará seguir bendiciendo cosas que jamás habrías imaginado. Miles de personas ya han probado esta ley con inmensa satisfacción, y tenemos muchos testimonios que demuestran cómo consiguieron prosperidad enfrentándose a la aparente escasez, simplemente pensando en el amor de Dios y dándole las gracias por lo que tenían. Esta ley funcionará para ti y para todos los que la empleen con fe, ya que «el amor nunca deja de ser».

Los hombres de negocios y los empresarios consiguen grandes cantidades de dinero a través del amor. No aman a Dios, sin embargo el amor que sienten por el dinero ejerce la atracción. La sustancia llega a ellos y les deja acumular dinero, pero sólo a nivel material, ya que no cuentan con el apoyo de la idea divina que les pueda garantizar la durabilidad. Con frecuencia oímos de hombres de las altas finanzas que quiebran, así como de alguien que ha logrado acumular una fortuna. Cuando desarrollemos una consciencia espiritual, colocaremos este amor personal en un nivel más elevado y estable, pasando del amor por el dinero y las cosas materiales al amor de Dios, que, una vez alcanzado, atraerá hacia nosotros todos los recursos de la Mente infinita para siempre. Cuando te hayas puesto en contacto con el banco universal de Dios, habrás conseguido una fuente permanente de riqueza.

Jesús dijo que cuando vayamos al altar para hacer una ofrenda, nuestro corazón tendría nuestro corazón no debería albergar nada en contra de nuestro hermano. Añadió también que antes de poder contactar con el amor y el poder de Dios, hemos de estar en paz con nuestro hermano. Eso significa que tenemos que cultivar el amor por nuestros compañeros para que su fuerza de atracción actúe. Todo lo que necesitamos es despertar nuestro amor por los demás pensando en ello y alejando de nuestra mente todo tipo de odio y miedo que pudieran debilitar la perfecta acción de este poderoso imán. Así como el amor atrae, el odio repele. Antes de acercarte al altar de la abundancia de Dios, ve y haz amistad con tus hermanos, los demás hombres. Haz amistad incluso con el poder del dinero. No envidies a los ricos. Nunca condenes a los que tienen dinero sólo porque ellos lo poseen y tú no. No te preguntes cómo consiguieron su dinero y si son honestos. No es asunto tuyo. Lo que tienes que hacer es obtener lo que te pertenece por derecho, y puedes lograrlo pensando en la omnipresente sustancia de Dios y en cómo hacerla tuya gracias al amor. Ponte en contacto con las riquezas espirituales de Dios, hazlas tuyas a través del amor, y tendrás provisiones suficientes para cada día del año y por el resto de tu vida. «El amor es, por tanto, el cumplimiento de la ley.»

La ley eterna del Espíritu sigue actuando a pesar de lo que puedas pensar, decir o hacer. Nos dijeron que el amor nos reportará prosperidad, pero no hay que preguntar si será así, ni el modo en que llegará. «No hay que inquietarse entonces diciendo: "¿Qué coos?", "¿qué beberemos?" o "¿con qué nos vestiremos?"» No ue preocuparse. La inquietud es como una ladrona, pues nos quita nuestro bien, disolviendo la abundancia de la ley del amor, esa ley que dice: «El perfecto amor no contempla el temor». Hay que alejar las preocupaciones afirmando con tranquilidad y confianza el poder creativo del amor divino, que actúa como un imán sin fallar nunca en su cometido: atraer las provisiones necesarias. Una buena afirmación para vencer la inquietud es la siguiente: *El amor provee y aumenta generosamente la sustancia para satisfacer cada necesidad.*

Casi todos los libros o artículos sobre el éxito y la prosperidad enfatizan las notorias ventajas de la rectitud, de la diligencia, del método y del orden, de la fidelidad, del duro trabajo; excelentes puntos de partida que hay que seguir desarrollando. Todo aquel que tenga determinación y voluntad puede vencer los hábitos de pereza, negligencia y debilidad. El empleo de la voluntad es muy importante para alcanzar la prosperidad. Si tu hogar carece de orden y organización, reacciona afirmando: Quiero ser ordenado. Voy a ser ordenado. Organizaré todos mis asuntos y negocios. Yo tengo método. Yo soy ordenado. Yo soy eficiente.

El empleo de la voluntad ha de ser duradero para que lo sean también los resultados que se van a conseguir. Los esfuerzos irregulares no sirven para nada, y basándose sólo en ellos muchas personas se rinden con demasiada facilidad. Si las cosas no les salen al primer intento, creen que la ley está equivocada y deciden no volver a esforzarse. Nada merece tanto la pena como el logro de la prosperidad en el hogar y, especialmente, la obtención de un flujo que continúe satisfaciendo las necesidades diarias año tras año merece todos los esfuerzos posibles. Por lo tanto, sé paciente, pero constante. Declara: No me voy a desanimar. Seré constante. Seguiré adelante.

Cuando no conseguimos el éxito esperado con nuestros primeros esfuerzos, nos desanimamos y abandonamos nuestros intentos. intentamos consolarnos con el viejo pensamiento de que es es debido a la voluntad de Dios. La pobreza no forma parte del plan divino, pero el hombre echa la culpa a Dios para justificar sus propios sentimientos de insuficiencia y frustración. La voluntad de Dios es que cada hombre sea sano, feliz y próspero; y conseguir todo eso en nuestro hogar es cumplir la voluntad divina. La voluntad de Dios no se expresa en una humilde morada, ni en un hogar donde reinen la discordia, la escasez, y la infelicidad. Ningún huésped se quedaría durante mucho tiempo en un hogar tan desapasible . Para que tu hogar sea próspero, prepáralo como si tuviera que albergar a Dios, que da prosperidad a todos Sus hijos quitándoles las penas. Decide cumplir con la voluntad de Dios y hazlo, afirmando: «Estoy decidido a alcanzar éxito actuando según la voluntad de Dios. Eso significa la ley. Dios está más dispuesto a dar que nosotros a recibir. Lo que tenemos que hacer es determinar cuál es Su voluntad, qué es lo que está intentando darnos, y abrirnos para recibir Su magnificencia, deseando cumplir con Su voluntad. Así podremos ser y conseguir lo que queramos: ser sanos, felices y prósperos».

Hay muchas personas que quieren prosperar y que creen haber preparado sus mentes para este objetivo con mucha determinación. Sin embargo, no siempre logran superar todas sus dudas y, cuando la conquista de la prosperidad tarda, como ocurre en muchos casos, las dudas aumentan hasta hacerles perder totalmente su fe. Necesitan más determinación y constancia. La palabra *determinación* es una buena palabra, una palabra fuerte y repleta de poder y sustancia. Jesús dijo que Sus palabras eran espíritu y vida, y que nunca perderían validez. Emerson afirmó que las palabras están vivas y sangran si alguien las corta. Si te parece que las cosas no te llegan lo suficientemente rápido, decide ser paciente. Si los pensamientos negativos se asoman a tu mente, decide ser positivo. Si te preocupas por los resultados, decide ser optimista. Decide ser próspero en respuesta a todo pensamiento de escasez o necesidad. El Señor puede darte mucho, y los que sean determinados conseguirán su parte. Jesús tuvo una actitud muy positiva y determinada en todas Sus afirmaciones. Pidió mucho a Dios, y lo obtuvo. Sin dudar ni un solo instante que el dinero iba a llegar, dijo a Pedro que pusiera su mano en la boca del pez y sacara lo que quisiera. Sus oraciones estaban hechas de afirmaciones poderosas, puestas una tras otra. La oración del Padre Nuestro consiste, de hecho, en una serie de afirmaciones de determinación, que reivindican que seremos ricos, prósperos y exitosos por voluntad de Dios. Desarrolla tu mente pensando en que ésta es la voluntad divina para ti y tu hogar y obtendrás tu prueba.

En el Antiguo Testamento, en el cuarto capítulo del segundo libro de los Reyes, se encuentra una perfecta lección de prosperidad para cada hogar. La viuda representa a los que perdieron la fe en el sustento de Dios, aquella idea divina de Dios como abundancia que es nuestro verdadero apoyo. Los niños que viven en este hogar representan los pensamientos de deuda, lo que la familia debe a alguien y lo que los demás le deben a ella. El profeta es la comprensión divina. La casa es la consciencia del cuerpo. El bote de aceite es la fe en la sustancia espiritual. Los vecinos son los pensamientos exteriores, y sus «recipientes vacíos» son los pensamientos de carencia. Entrar y «cerrar la puerta», como fue ordenado a la viuda, significa entrar en la consciencia interior y dejar fuera de ella todo pensamiento de escasez, para luego afirmar palabras de fuerza: «llenar» de sustancia todos los lugares que parezcan carecer de ella, hasta que estén repletos. Al final cada obligación será satisfecha; cada deuda, pagada, y sobrará tanta sustancia que no quedarán recipientes vacíos para contenerla.

Eso se parece a la promesa de Dios: «Os abriré las ventanas de los cielos, y derramaré sobre vosotros bendiciones hasta colmaros». Los «cielos» representan la mente. Todo se hace en la mente, y tú también puedes hacerlo. Visualiza cada paso en tu imaginación como si estuvieras actuando en la vida real. Dibuja tu prosperidad en tu mente, y luego cumple con la ley divina. «Tras haberlo hecho todo… sigue firme en el propósito». Quizás no seas capaz de llenar todos los recipientes de aceite en tu primer intento; sin embargo, utilizando este método día tras día tu fe aumentará y conseguirás resultados en proporción a ella.

Sigue dando vueltas al problema hasta solucionarlo. Actúa conforme al principio y hallarás una solución. De no ser así, revisa con cuidado tus métodos y localiza el error. No dejes que los pensamientos vacíos se queden en tu mente; llena cada rincón de palabras de abundancia, abundancia, abundancia.

Si tus bolsillos te parecen vacíos, rechaza la escasez y afirma: «Incluso ahora mis bolsillos siguen llenos gracias a la magnificencia de Dios, mi Padre, que cumple con todas mis necesidades». Si tu hogar te parece vacío, rehúye de esta apariencia y declara que la prosperidad se está manifestando en cada habitación. Nunca pienses en ti como en alguien pobre o necesitado. No hables de lo difíciles que son los tiempos o de la necesidad de una economía más estable. Hasta «los muros tienen orejas» y, lamentablemente, también memoria. No pienses en lo poco que tengas, sino en lo mucho que puedes conseguir. Da la vuelta al telescopio de tu imaginación y mira por el extremo opuesto. «No injuries al rey ni en tu pensamiento, ni al rico en lo más oculto de tu corazón; porque las aves del cielo llevarán la voz, y las que tienen alas darán a conocer tus palabras».

*«Bienaventurado el hombre que no siguió
el consejo de impíos,
Ni estuvo en camino de pecadores,
Ni en silla de escarnecedores se ha sentado;
En la ley de Jehová está su delicia,
Y en su ley medita de día y de noche.
Y será como el árbol plantado junto
a arroyos de aguas,
Que da su fruto en su tiempo,
Y su hoja no cae;
Y todo lo que hace, prosperará».
«Con sabiduría se edificará la casa,
Y con prudencia se afirmará;
Y con ciencia se llenarán los cuartos
De todo bien preciado y agradable».
«Te abrirá Jehová su buen tesoro».
«Y el Todopoderoso será tu defensa,
Y obtendrás plata a montones».
«Jehová es mi pastor; nada me faltará».
«Confía en Jehová, y haz bien;
Vivirás en la tierra, y en verdad serás
alimentado».
«Gracia y gloria dará Jehová:
No quitará el bien a los que caminan
en la integridad».
«Para repartir posesiones a los que me aman,
y para colmar sus tesoros».
«Si queréis y obedecéis, comeréis de lo mejor
de la tierra».*

Dios pagará tus deudas

«PERDÓNANOS nuestras deudas, como también nosotros perdonamos a nuestros deudores». A través de estas palabras Jesús expresó una infalible ley de la mente, según la cual una idea ha de desaparecer antes de que otra pueda tomar su lugar. Si tienes en tu mente algún pensamiento de que alguien se ha portado injustamente contigo, no podrás dejar entrar el poder purificador del Espíritu ni la riqueza de la sustancia espiritual hasta que hayas expulsado este pensamiento y perdonando totalmente la supuesta injusticia. Podrías preguntarte por qué fallaste en alcanzar la iluminación espiritual o la conciencia de la sustancia espiritual. Quizá se debió exactamente a eso: a la falta de espacio para los verdaderos pensamientos a causa de la presencia de otros pensamientos en tu mente. Si no recibes la comprensión espiritual que crees merecer, has de examinar tu mente con cuidado para encontrar pensamientos sobre algo que no hayas perdonado. «Los pensamientos son cosas» y ocupan espacio en el reino de la mente. Tienen forma y sustancia y pueden quedarse permanentemente en la mente de alguien que no disponga de discernimiento espiritual. Darán frutos acordes con las semillas plantadas en la mente, pero estos resultados serán duraderos sólo si están fundados en el Espíritu. Los pensamientos están vivos, y poseen también un poder secundario que procede de la persona que los genera; es decir, la capacidad del YO SOY de asumir una forma peculiar y empezar a pensar por su propia cuenta. Los pensamientos piensan, pero sólo gracias al poder que infundimos en ellos.

Dime qué tipo de pensamientos tienes con respecto a ti mismo y a tus vecinos, y te diré lo que puedes esperarte en términos de salud, recursos económicos, y armonía en tu hogar. ¿Sospechas de tus vecinos? No puedes amar y confiar en Dios si odias y desconfías de los hombres. Las dos ideas de amor y odio, o confianza y desconfianza, no pueden convivir en tu mente, y si quieres quedarte con una, has de estar seguro de que la otra desaparezca. Confía en los demás, y emplea el poder que acumules en tu mente gracias a este acto para confiar también en Dios. Hay magia en eso: los poderes vitales y dinámicos del amor y de la confianza hacen maravillas. ¿Acusas a los hombres de ser ladrones, y tienes miedo de que vayan a robarte algo que te pertenece? Con un pensamiento de este tipo, que genera miedo y hasta terror en tu mente llenando tu consciencia de oscuridad, ¿dónde está el espacio para la luz de la protección de Dios? Es más aconsejable construir muros de amor y sustancia a tu alrededor. Irradiar rápidos e invisibles mensajeros de amor y confianza, guardias que te protejan mejor que cualquier policía o detective.

No juzgues la culpa o la inocencia de los demás. Piensa en ti mismo y en cómo te alzas ante el Padre por tener pensamientos sobre la culpa de otros. Empieza tu reconstrucción a partir de ti mismo. Eso significa mucho para quien disfruta de la comprensión de la mente y de sus leyes, aunque pueda significar muy poco para los individuos comunes. Los que se conocen superficialmente, que sólo saben algo de su personalidad exterior, creen haberse reformado por el mero hecho de cumplir con las leyes morales y estatales. A veces están tan convencidos de su pretendida superioridad moral que levantan su voz a diario para alabar a Dios por no ser como los demás hombres, a los que perdonan sus pecados. Pero siguen mirando a los que no se conforman con sus ideas de moralidad y religión como si fueran pecadores y transgresores, y dan las gracias a Dios por su propio entendimiento y entusiasmo. Sin embargo, no están en paz. Carecen de algo. Dios no habla con ellos «cara a cara», porque su mente, el lugar donde los hombres suelen encontrarse con Dios, está ensombrecida por el turbio pensamiento de que los demás son pecadores. El primer paso para cumplir con la verdadera ley es contactar con Dios y, en consecuencia, perdonar a todos los hombres por sus pecados. Así purificaremos nuestra mente para que el Padre pueda perdonar nuestros propios pecados.

El perdón de «todos los hombres» te incluye a ti mismo. Has de perdonarte a ti también. Deja que la fuerza de tu firme rechazo elimine cualquier pecado o «mala acción» que pueda haberte manchado. Paga tu deuda diciendo a aquella parte de ti que cree que fallaste: «No peques más, para que no te venga alguna cosa peor». Y luego: «Desátale, y déjale ir». Considera el pecado como una transgresión de la mente, más que como una desviación moral. Niégate a pensar en las tendencias al error y agárrate firmemente al Espíritu de Cristo, tu esencia divina. Despréndete para siempre de la compañía de la «consciencia acusadora». Los que consiguieron no volver a pecar no tienen nada que ver con el sentimiento de culpa.

«¿Estaré en deuda mientras alguien siga en deuda conmigo?» Esa es la ley de la mente: pensar en las deudas conlleva otras deudas. Por lo tanto, mientras sigas creyendo en la existencia de las deudas te endeudarás, cargándote también de todo lo que pueda proceder de ello. Los que no perdonen a los hombres sus deudas, muy probablemente se endeudarán ellos mismos. ¿Eso significa que has de abonar las deudas de todos los que te deban algo? Claro que no. No sería suficiente para eliminar este pensamiento de tu mente. Antes de nada has de negar en tu mente que haya hombres o mujeres que te deban algo. Si es necesario, repasa tu listado de nombres por separado y perdona sinceramente el pensamiento de deuda que asociaste a cada persona nombrada. Actuando de esta manera podrás cobrar tus deudas, ya que muchas de estas personas te pagarán lo que te deben cuando las perdones con tu pensamiento positivo.

Las deudas son una contradicción del equilibrio universal, ya que en todo el universo no puede darse ningún tipo de desequilibrio o descompensación. Por consiguiente, tanto en el Espíritu como en la Verdad no hay deudas. Sin embargo, los hombres siguen pensando en ellas, y este pensamiento es la causa de las penas y de los apuros que sufren. El verdadero discípulo consigue sus provisiones gracias a la conciencia de la omnipresente abundancia universalmente poseída. La sustancia espiritual es imparcial y pertenece a todos, y ningún pensamiento de deuda puede entrar en ella. Las deudas existen en la mente, y la misma mente es el lugar donde hay que empezar a eliminarlas. Hay que borrar de la mente todo pensamiento de este tipo antes de que consiga manifestarse y quedarse en la realidad de los hechos. El mundo no será nunca libre del cautiverio de las obligaciones económicas hasta que los hombres dejen de pensar en «lo mío y lo tuyo» generando deudas e intereses. Analizando el pensamiento de deuda, nos daremos cuenta de que incluye el pensamiento de escasez. La deuda es, de hecho, un pensamiento de escasez con carencias por ambas partes: el acreedor cree carecer de lo que se le debe, y el deudor piensa no tener recursos suficientes para pagar, aunque así podría liberarse de la obligación en lugar de seguir con ella. Tanto el comienzo como el final de esta proposición son erróneos, ya que es fácil disolver el pensamiento de que alguien nos debe algo o que debemos algo a alguien. Tenemos que convencernos de que hay provisiones suficientes para todos, y que donde no haya escasez tampoco habrá deudas. Entonces comprenderemos que para pagar nuestras deudas hemos de llenar nuestra mente con la sustancia de las ideas, justo lo opuesto a los pensamientos de escasez que causaron dichas deudas.

Las ideas de abundancia te devolverán lo que te pertenece más rápidamente y con más seguridad que cualquier otro pensamiento que puedas tener sobre que los deudores te liquiden una deuda. Advierte la sustancia en todas partes y afírmala, no sólo para ti, sino también para todos los demás. En particular, confirma la abundancia para aquellas personas respecto a las que tuviste pensamientos de deuda. Así las ayudarás más a cumplir con sus deudas que borrando simplemente sus nombres de tu libro de las cuentas por cobrar. Ayuda a los demás a pagar sus deudas perdonándoselas y declarando para ellos la abundancia del Espíritu. La idea de abundancia llevará sus frutos también a tu vida. Deja que la ley de la abundancia se manifieste en ti y en tus asuntos. El Padre te perdona así tus deudas: no las borra de Su libro, sino que las elimina de Su mente. No las recordará en tu contra una vez hayas denegado su realidad. El padre es el Espíritu presente en todas partes, del que todo procede. El amor de Dios siempre te ve bueno, feliz, y provisto abundantemente de todo; sin embargo, Su sabiduría requiere que tu mente esté ordenada y preparada para recibir la abundancia en tu vida. El amor de Dios cumpliría con todos tus deseos, pero Su sabiduría decreta que has de perdonar a tus deudores antes de ver abonadas tus deudas.

Para sanar cualquier situación de crisis económica o mala salud que las preocupaciones pudieran provocar, hay que empezar eliminando la causa original, es decir las mismas preocupaciones. Hay que liberar la mente del peso de las deudas para que se puedan cobrar. Muchas personas se sirvieron con éxito de la afirmación «No debo nada a nadie, excepto amor», para contrarrestar el pensamiento de deuda. Gracias a estas palabras, sus mentes se abrieron a un flujo de amor divino y cooperaron fielmente con la ley divina del perdón en sus pensamientos, palabras, y acciones. Consiguieron una conciencia tan profunda del poder sanador y enriquecedor del amor de Dios que pudieron vivir y trabajar tranquilamente y provechosamente con sus compañeros. Y así, constantemente renovados en su salud, en su fe y en su integridad, lograron cumplir con cualquier tipo de obligación.

La afirmación «No debo nada a nadie, excepto amor» no significa que podamos negarnos a saldar las deudas con nuestros acreedores o intentar eludir el pago de las obligaciones que hayamos contraído. Lo que rechazamos es el gravoso pensamiento de deuda y escasez. Pagar las deudas es un trabajo interior, que no tiene que ver con las deudas ya saldadas, sino con los erróneos pensamientos que las provocaron. Si nos basamos en las ideas justas, no contraeremos deudas gravosas. Las deudas proceden de los pensamientos de escasez, deseo impaciente y codicia. Cuando venzamos estos pensamientos, también las deudas serán superadas, perdonadas y pagadas por completo, y seremos libres de ellas para siempre.

Tus pensamientos siempre han de ser dignos de ti mismo, de los demás hombres, y de Dios. Los pensamientos que con más frecuencia suelen actuar en contra de ti y de tus compañeros son los de crítica y condena. Aléjalos de tu mente afirmando «No hay condena en Jesucristo». Llena tu mente de pensamientos de amor divino, justicia, paz, y perdón. Así pagarás tus deudas de amor, las únicas que, de hecho, existen. Verás entonces lo rápido, natural y fácil que resulta saldar también tus deudas exteriores, y cómo de la misma manera toda desarmonía de mente, cuerpo y negocios se solucionará. Nada como la comprensión del amor divino podrá enriquecer tan rápidamente tu mente y liberarla de cualquier pensamiento de escasez. El amor divino te desprenderá de inmediato del peso de las deudas y sanará tus enfermedades, debidas muy a menudo a la depresión, a las preocupaciones y al miedo por tus finanzas. El amor te devolverá lo que es tuyo, solucionará cualquier malentendido y hará que tu vida sea próspera, feliz, armoniosa y libre, como debe ser. El amor es, de hecho, el «cumplimiento de la ley».

Ahora sabes cómo pagar tus deudas. Entrégaselas a Dios junto con tus dudas y temores. Sigue la luz que inunda tu mente. El poder, el amor, y la sabiduría de Dios están a tu alcance, ya que Su reino está dentro de ti. Dale el dominio total de tu vida, tus negocios, tus asuntos familiares, tus finanzas, y déjale pagar tus deudas. Ya lo está haciendo ahora, porque desea liberarte de cada peso, incluso del de las deudas, como acreedor y como deudor. Enfréntate a los pensamientos insidiosos, como «No puedo», «No sé cómo hacerlo», «No hay solución», afirmando «Jehová es mi pastor; nada me faltará». Nunca te faltarán la sabiduría, el valor o la sustancia para hacer algo una vez que hayas entendido a fondo el alcance de la inmensa verdad: el Todopoderoso te llevará a «lugares de delicados pastos... junto a aguas de reposo».

Las ideas son las monedas del reino de la Verdad y de la realidad. Puedes aprovechar la nueva idea que la sabiduría divina está despertando en tu mente y empezar ahora mismo a pagar tus deudas. Primero da las gracias a Dios por liberarte del peso del pensamiento de deuda. Ese es un paso fundamental para romper con las trabas de las deudas. Probablemente los recursos para pagarlas todas de una vez no aparecerán inmediatamente en una única suma; pero rezando y actuando en la abundancia de Dios y bajo Su dirección, tus finanzas empezarán a aumentar «un poco aquí, un poco allá», creciendo cada vez más rápidamente conforme tu fe aumente y tus pensamientos de preocupación se aquieten. Y también aumentarán tu juicio y tu capacidad de gestión, gracias a los que pronto vencerás sobre los pensamientos de deuda.

No cedas a la tentación de «planear pagos fáciles». Cualquier pago que agote tu nómina antes de recibir tu sueldo no es un pago fácil. No te dejes tentar por la vanidad de enfrentar presupuestos altísimos a sueldos que indudablemente no los alcanzan. Tal vez te sientas tentado de no pagar una cuenta para satisfacer algunos deseos. Eso lleva muy fácilmente a la costumbre de aplazar los pagos, lo que infunde el temor de las deudas en las personas antes de que puedan darse cuenta. Es exactamente debido a su apariencia inocente que el pensamiento y la costumbre a contraer deudas pueden privarte de tu paz, satisfacción, libertad, integridad y prosperidad durante los años por venir. La Mente divina que se alberga en ti es mucho más fuerte que la mente física. Dirígete a ella si necesitas su ayuda en situaciones parecidas y afirma: «Jehová es mi pastor»; no quiero nada que no me llegue por Su voluntad.

Beneficia a tus acreedores del pensamiento de abundancia en cuanto obtengas los medios para pagar tus obligaciones. Mantén la fe que tuvieron en ti incluyéndolos en tus oraciones de crecimiento. Empieza a desprenderte de todo peso haciendo lo posible con los medios de los que disponga, y si sigues actuando de esta manera, se te abrirá la vía para conseguir más; pues recorriendo las vías del Espíritu tus recursos aumentarán y cumplirás con todas tus obligaciones.

Si eres un acreedor, ten cuidado con el tipo de pensamientos que tengas sobre tus deudores. Evita pensar que no quieren o no tienen recursos suficientes para pagarte. El primer pensamiento les llevará a la deshonestidad, y el segundo les someterá a la escasez, con lo cual verás muy disminuidas las posibilidades de que te paguen rápido. Piensa bien y habla bien de todos los que te deben algo. Si hablas de ellos a otros, evita llamarles con nombres que nunca asociarías a ti mismo. Cultiva un sentimiento de amor sincero hacia ellos y respeta su integridad a pesar de las apariencias. Deséales abundancia de provisiones y les ayudarás a prosperar. Reza y actúa para conseguir tanto su bien como el tuyo, ya que los dos son inseparables. Tú también debes algo a tu deudor: tu deuda de amor. Págale tus deudas y él te pagará las suyas. Esta regla de vida nunca falla.

Los cristianos clarividentes esperan un pronto relanzamiento del sistema económico inaugurado a su tiempo por los primeros seguidores de Jesús. Ellos vivían poniendo todas sus cosas en común, y nadie carecía de nada. Sin embargo, antes de que podamos construir una verdadera comunidad cristiana fundada en bases espirituales, debemos aprender la justa manera de pensar en lo económico. Si juntáramos todos nuestros recursos y dividiéramos nuestras posesiones, en poco tiempo, aquellos cuyas ideas económicas prevalecieran manipularían todas las finanzas, y se volvería a la excesiva abundancia, por un lado, y a la escasez, por otro.

El mundo no puede acabar con el cautiverio de las deudas y de los intereses hasta que los hombres empiecen a utilizar a fondo su mente para eliminarlos de la consciencia. Si los Estados Unidos cancelaran todas sus deudas a las naciones europeas, no cumplirían necesariamente con la ley; muy probablemente se quedarían con el pensamiento de haber hecho un sacrificio al cancelar las obligaciones, y seguirían pensando que los europeos aún les deben algo.

No se sentirían a gusto sin perdonarlos realmente, y seguirían con su pensamiento equivocado. Pero hay que olvidar ese pensamiento errado de deuda, y dejar de pensar en que se pierde dinero amortizándola. El hombre que se obligue a perdonar una deuda nunca lo hará de verdad.

Por encima de todo, hemos de llenar nuestra mente con la consciencia de la abundancia divina que hoy se manifiesta en todo el mundo. La sustancia sigue siendo la misma de siempre, pero su libre fluir se ha visto afectado por el egoísmo del hombre. Debemos deshacernos de la codicia que domina a la humanidad, actuando de esta manera para contribuir a liberar el mundo de la avaricia. Es un deber de cada metafísico cristiano contribuir a solucionar este problema, afirmando que el Espíritu universal que a todo provee está repartiendo energía a lo largo del mundo; que todos los viciosos pensamientos de acumulación van a disolverse; que hay que compartir las provisiones en común; que a nadie puede faltar algo en ninguna parte del mundo; y que la ley divina del reparto de las provisiones infinitas demostrada por Jesús empieza a manifestarse ahora mismo en todo el mundo. «Del Señor es la tierra y todo lo que hay en ella.»

Hay un comercio legítimo que se lleva a cabo a través de lo que llamamos *crédito*. El crédito puede ser una solución conveniente para los que comprendan su valor y tengan cuidado en no abusar de ello, ya que hacerlo significaría arruinarse. Sin embargo, la mayoría de las personas no están dotadas de recursos adecuados para emplear exitosamente este sistema, y suelen abusar de él. Primero, pocas personas conocen a fondo las complejidades de la totalidad del sistema de crédito y suelen asumir obligaciones sin tener la garantía de poder cumplir con ellas, especialmente en el caso de que surjan complicaciones imprevistas. Muy a menudo las personas pierden todo lo que invirtieron, y además se encuentran involucradas en el problema de las deudas. Las situaciones de este tipo no están contempladas por el orden divino, y son las mayores responsables del retraso en conseguir prosperidad.

Nadie tendría que asumir una obligación sin disponer de los recursos suficientes para cumplir puntualmente y de buena gana con ella. Los que se encomienden a Dios y a sus indefectibles recursos no fallarán en recibir lo que necesiten. Entonces, ¿por qué tendrían que hundirse en las deudas si están seguros de recibir sus provisiones diarias sin necesidad de endeudarse? No existen acreedores ni deudores en el Reino de Dios. Si decides vivir en ello, nunca más estarás cargado del pensamiento de deuda, ni como acreedor ni como deudor. Bajo la ley divina nunca necesitarás esforzarte para alcanzar cosas que estén fuera de tu alcance. La conciencia de la riqueza sigue creciendo gracias a la certeza de que las provisiones de Dios son inagotables e infinitas. Las cosas exteriores se ajustan a los esquemas interiores, y sólo aquellos que vivan cerca del generoso corazón de Dios atraerán las riquezas. Sus alrededores se embellecerán de la gloria de la Presencia, y su vida será próspera y gratificante para siempre.

Sólo hay una manera para liberarse de las deudas; es decir, desear ser libre, y comprender por fin que las deudas no tienen un sitio legítimo en el Reino de Dios y que has determinado eliminarlas por completo de tu mente. Para facilitarte la vía hacia la libertad, es aconsejable que cada día reserves un tiempo para meditar y rezar. No te concentres en las deudas o estropearás tus oraciones pensando constantemente en ellas. Centra tus pensamientos en lo que quieres conseguir, no en aquello de lo que te estás alejando. Cuando reces, da las gracias al Padre por Su atención y Sus consejos, por Sus provisiones y Su abundancia, por Su amor y Su sabiduría, por Su infinita plenitud y por el privilegio de poderla aprovechar.

Aquí van algunas oraciones de la prosperidad que te ayudarán a comprender a fondo la verdadera esencia de la abundancia y a eliminar los pensamientos equivocados sobre la deuda. Se trata de simples sugerencias para ayudarte a crear tus propias oraciones personales; de cualquier modo, puedes utilizarlas tal como están, con excelentes resultados.

Ya no me preocupo por mis recursos económicos; Tu abundancia me proporciona todo lo que necesito.

El Espíritu de rectitud, entusiasmo, eficiencia y orden se expresa en mí y en todo lo que hago.

Estoy ajeno a cualquier limitación del pensamiento mortal respecto a las cantidades y a las evaluaciones. Ahora dispongo de la sobreabundancia de riquezas de la Mente de Cristo, y prospero en todo.

El Salmo 23
Un tratamiento para liberar la mente
de la idea de deuda

Jehová es mi pastor; nada me faltará.
En lugares de delicados pastos me hará yacer:
Junto a aguas de reposo me pastoreará.
Confortará mi alma;
Me guiará por sendas de justicia
por amor de su nombre.
Aunque camine en el valle
de sombra de la muerte,
No temeré mal alguno;
porque tú estarás conmigo:

Tu vara y tu cayado me infundirán aliento.
Ataviarás la mesa ante mí, en presencia
de mis angustiadores:
Ungiste mi cabeza con aceite:
Mi copa está rebosando.
Ciertamente el bien y la misericordia me
seguirán todos los días de mi vida:
Y en la casa de Jehová moraré para siempre.

Los diezmos, la vía para la prosperidad

«Por tanto, como en todo abundáis, en fe, en palabra, en ciencia, en toda solicitud, y en vuestro amor hacia nosotros, abundad también en esta gracia.»

> *«Honra al Señor con tu sustancia*
> *Y con las primicias de todos tus frutos;*
> *Entonces tus graneros se llenarán*
> *con abundancia,*
> *Y tus lagares rebosarán de mosto».*

Según la ley de Moisés, un diezmo (o décima parte) siempre Le corresponde al Señor. En todo el Antiguo Testamento se habla del diezmo o décimo como el justo y razonable rendimiento para reconocer al Señor como fuente de toda provisión. Después de tener la visión de una escalera con ángeles que ascendían y descendían de ella, Jacob levantó una columna y prometió al Señor: «De todo lo que me des, te daré el diezmo». En el tercer capítulo del libro de Malaquías se conecta la bendición de Dios directamente con la contribución al crecimiento del tesoro divino, pero no hay que hacer regalos por sentido del deber o para ganar una recompensa, sino porque es justo y por el placer de dar.

Jesús también nos aseguró y prometió que habrá una recompensa para los que den: «Dad, y se os dará; medida buena, apretada, remecida y rebosante, vaciarán en vuestro regazo. Porque con la medida con que midáis, se os volverá a medir».

Las Escrituras abundan en promesas de beneficios espirituales y recompensas divinas que se pueden obtener gracias al empleo de la ley de dar y recibir.

> *«Hay quien reparte, y le es añadido más,*
> *Y hay quien retiene lo que es justo, sólo para*
> *venir a menos.*
> *El alma generosa será próspera,*
> *Y el que riega será también regado».*
> *«El ojo misericordioso será bendito,*
> *Porque dio de su pan al indigente».*
> *«El que siembra en bendiciones, en*
> *bendiciones también segará».*
> *«Dichosos vosotros, los que sembráis sobre*
> *todas las aguas».*

Ahora vivimos bajo la bendición de Dios más amplia y generosa que los hombres jamás hayan experimentado. Por eso también hemos de darLe lo que Le corresponda según la ley de los diezmos, ya que si un décimo era lo que Le correspondía en los tiempos más antiguos, hoy tenemos que alegrarnos en devolverLe lo mismo. Uno de los incentivos más grandes para nuestra generosidad es apreciar con entusiasmo las bendiciones que nos aseguró la acción de redención de Jesucristo. «El que aun a su propio Hijo no perdonó, antes lo entregó por todos nosotros, ¿cómo no nos dará también con Él todas las cosas?» «De gracia recibisteis, dad de gracia». El placer de dar es la respuesta del amor y de la generosidad del corazón despertado por el Espíritu al amor y a la generosidad del corazón del Padre.

En su segunda carta, Pablo dirigió un ruego conmovedor a los corintios para que hicieran un generoso don a sus hermanos más pobres en Jerusalén, sugiriendo algunos principios de generosidad que siguen siendo válidos aún hoy, ya que el acto de dar es una bendición que se añade al crecimiento espiritual de todo hombre en cada tiempo. Sin dar, el alma se debilita, pero entrenando la generosidad como parte del estilo de vida cristiano, el alma se fortalece y se acerca cada vez más a la bondad y a la generosidad de Dios. No se puede aspirar a parecerse a Dios sin abrir a diario nuestra mente, nuestro corazón, y nuestra alma al grande, libre, y generoso espíritu que caracteriza a nuestro Dios y Padre. Por consiguiente, no hay que sorprenderse si Pablo asoció el placer de dar a la fe, al conocimiento, y al amor.

Pablo sugirió una manera simple, pero práctica, para entrenar el placer de dar en su primera carta a la iglesia corintia. «Que el primer día de la semana», dijo, «cada uno de vosotros aparte y guarde según haya prosperado»; es decir, pidió a cada miembro que contribuyera en instituir un tesoro público, una reserva divina a la que cada uno añadiera regularmente sus ofrendas acorde con sus recursos. Los que consintieron en actuar de esta manera se volvieron entonces administradores de los bienes de Dios y emprendieron un recorrido de capacitación y disciplina para aprender cómo administrar correctamente Su abundancia. Quizá ésta sea la manera más simple para seguir entrenando nuestro placer de dar aún hoy. Los que aplicaron este método se dieron cuenta de que podían donar mucho más dinero del que creían posible.

Hay que observar varias reglas para que nuestra generosidad sea fructuosa. Primero, tenemos que desearla de verdad en nuestra mente. «Porque si primero hay una voluntad pronta, será aceptada por lo que tiene, no por lo que no tiene». «Dios ama al dador alegre». En segundo lugar, hay que dar con fe, sin retenerse por miedo de que la ofrenda parezca de poca importancia. Muchos de los ejemplos que la Biblia enseña como más merecedores, encomiables, y ventajosos se refieren a casos en que el don era en sí mismo bastante módico. La viuda dio de comer al hambriento Elías una galleta hecha con su último puñado de harina, pero gracias a su fe y a su espíritu generoso fue recompensada con abundancia de recursos para satisfacer tanto sus necesidades y las de sus hijos, como las de Elías. «La tinaja de la harina no escaseará, ni se disminuirá la botija del aceite.»

Esta misma verdad está maravillosamente descrita también en el Nuevo Testamento, donde se demuestra claramente que lo que determina el valor y el poder de una ofrenda no es su cantidad sino el espíritu con el que se ofrece. «Y estando sentado Jesús delante del arca de la ofrenda, miraba cómo el pueblo echaba dinero en el arca: y muchos ricos echaban mucho. Entonces llegó una viuda pobre, y echó dos blancas, que son un maravedí. Y llamando a sus discípulos, les dijo: en verdad os digo que esta viuda pobre dio más que todos los que han aportado bienes al arca, porque todos han echado de lo que les sobraba; mas ésta, en su pobreza dio todo lo que tenía, todo su alimento».

Esta pobre viuda muestra lo que significa dar con fe; ¡y qué don tan grande eran las dos blancas para merecerse los elogios del Mismísimo Maestro! Los mismos resultados procedentes del acto de dar con fe se pueden conseguir tanto hoy como en los tiempos de Jesús, ya que la ley es infalible en todas épocas.

El tercer requisito para cumplir con la ley de dar y recibir dicta que las ofrendas han de ser justamente proporcionales a lo que uno reciba. Pablo estableció la justa cantidad que cada uno tendría que dar «según haya prosperado». Esta expresión igualmente tiene varios matices; entre ellos la posibilidad de donar libremente según la fe, el juicio, y la voluntad de cada individuo.

La cuestión de la sabiduría en el reparto de las provisiones está estrechamente relacionada con el problema de no agotar el tesoro público de Dios, ya que es muy importante determinar con cuidado a quién dar y cuándo. Con respecto a eso se podrían considerar varias posibilidades, pero al final cada individuo opta por confiar en la sabiduría del Espíritu que se manifiesta en su propio corazón, ya que no hay reglas definidas o precedentes que se puedan seguir en detalle. Y así es como ha de ser, para mantener vivos y activos el juicio, la fe, el amor, la solidaridad, y la voluntad del individuo. Sin embargo, un cuidadoso estudio de las leyes en las que se basa la generosidad espiritual nos ayudará a ejercer estas facultades divinas. Si decidimos entregarnos a la sabiduría del Espíritu, no tendremos que dedicarnos a algo contrario a las enseñanzas de Jesús, sino destinar nuestro dinero al fomento del estilo de vida proclamado por Jesús y a la promoción de Su misión de crear una hermandad entre los hombres que se vuelvan hijos a través de Él.

El verdadero placer espiritual de dar nos recompensa con una doble alegría: la primera, aquella que procede del hecho de colocar nuestras ofrendas sobre el altar o añadirlas al tesoro de Dios; y la segunda, el placer de compartir nuestra parte de abundancia divina con los demás. Llegar a comprender con satisfacción que estamos cumpliendo con la ley y saldando nuestras deudas de amor y justicia con el Señor; y disfrutar de la recompensa de Dios. Antes, la justicia; después, la generosidad.

Hasta los que llamamos *paganos* reconocen el acto de dar como parte de sus cultos, ya que suelen hacer ofrendas para adorar a sus ídolos. Los dictámenes de cualquier tiempo y religión enfatizan la generosidad como una parte vital del culto. En el mundo de hoy, donde tenemos mucho, también hay que dar mucho, incluso a nosotros mismos y todo lo que seamos y tengamos. Este privilegio lleva consigo inconmensurables beneficios, ya que nos libera de nuestra vida individual y nos une con lo universal, abriendo tanto nuestra vida interior como la exterior a la entrada y salida de la esencia, del amor, de la munificencia y de la gracia de Dios. Éste es el bienaventurado resultado de la fiel obediencia a la ley y del ejercicio del placer de dar.

Las personas se asombraron cuando el profeta Malaquías les dijo que estaban robando a Dios, y quisieron saber en qué se habían equivocado, ya que pensaban haber servido fielmente al Señor. Hoy en día, la gente sigue asombrándose al descubrir su incumplimiento de la ley de Dios, pues el mensaje de Malaquías no se dirige sólo a los hombres de la Antigüedad, sino también a los de hoy. El mismo Espíritu de Dios nos entregó su mensaje a través de Malaquías: «Traed todos los diezmos al alfolí, para que haya alimento en mi casa; y ponedme ahora a prueba en esto, dice Jehová. Abriré las ventanas de los cielos, y derramaré sobre vosotros bendición hasta que sobreabunde. Reprenderé también por vosotros al devorador, para que no os destruya el fruto de la tierra; ni vuestra vid en el campo será estéril, dice Jehová. Y todas las gentes os dirán bienaventurados; porque seréis tierra deseable, dice Jehová».

Estudia a fondo el tercer capítulo del libro de Malaquías si quieres alegrarte conociendo la solución al problema de dar y recibir. Entérate de lo práctico que resulta para la gente cualquier nación, profesión y condición social, ya que brinda claramente la ley de prosperidad a todo tipo de persona. Soluciona los problemas del pastor; de los que necesitan proteger sus cosechas de las heladas, de las sequías, de las inundaciones; de los que quieran salvarse de las plagas, de las pestilencias y de los múltiples eventos que puedan destruir sus provisiones y sus medios de sustento. Es una ley sencilla, pero muy eficaz: donar siempre un diezmo, o décimo, o las «primicias» o su equivalente al Señor. Los hombres no pueden esperar que Dios satisfaga todas sus necesidades en términos de protección y crecimiento sin que ellos cumplan con Sus demandas. El acto de dar pone en práctica la ley divina, porque a través de éste reconocemos a Dios como origen de todo crecimiento; mientras que sin hacerlo no tendremos la garantía de poder continuar aprovechando Su abundancia.

Muchas personas dudan de que pedir a Dios protección para sus cosechas y provisión de todo pueda, de hecho, reportarles beneficios. Muchos de los que trabajan como empleados o como empresarios en las ciudades consideran muy raro creer en la omnipresencia de la prosperidad; con lo cual, suelen desconfiar en lugar de demostrar la inquebrantable fe que necesitarían. Esta es una de las motivaciones psicológicas que tendría que animar a las personas a seguir la ley espiritual. Cuando una persona cumpla con cada demanda de la ley de Dios, su fe se fortalecerá de inmediato conforme sus dudas desaparezcan. Cuando alguien ponga a Dios por encima de sus finanzas, no sólo pensándolo, sino poniéndolo de hecho en práctica entregándoLe sus primicias (la décima parte de sus ganancias o ingresos), su fe en la inmensa disponibilidad de provisiones fortalecerá y prosperará como le corresponda. Obedecer la ley le llevará a la comprensión interior de estar construyendo una base segura y estable que nunca fallará.

Todo lo que hay en el universo pertenece a Dios, y aunque el hombre pueda usar y aprovechar lo que quiera, de hecho no posee nada suyo. Cuando el hombre aprenda que una ley más grande que sus costumbres o sus deseos obra en la tierra para sacar adelante la justicia, la rectitud y la igualdad, entonces empezará a cumplir con ella donando a Dios los diezmos que Le corresponden, amando a sus vecinos, y tratando a los demás como le gustaría que le trataran a él. Así, el hombre pondrá fin a todos los problemas causados por su egoísmo y su codicia, y se volverá más sano, próspero y feliz.

El pastor de una pequeña iglesia en Georgia sugirió a sus feligreses, la mayoría cultivadores de algodón, que dedicaran la décima parte de sus tierras al Señor pidiéndole protección contra los estragos de los gorgojos del algodón, que habían seguido devastando los alrededores durante varios años. Siete de los agricultores decidieron hacerlo. No tomaron ninguna medida para proteger los cultivos, sin embargo, la plaga no afectó a sus cosechas, y además la calidad de las fibras resultó ser mucho mejor que la de las plantas de los terrenos contiguos. El experimento tuvo un éxito tal, que todos los cultivadores de la zona decidieron hacer lo mismo en el futuro.

Las experiencias de este tipo empujan a los hombres a respetar su relación con Dios, el principio infinito de la vida presente en todas partes. Este elemento divino de la vida, que se manifiesta en términos de crecimiento y sustancia, forma parte de los factores que interactúan para producir el algodón, el trigo, y todas las demás plantas. Por consiguiente, si el agricultor decide trabajar aplicando el principio vital natural a sus actividades, sin duda el Espíritu divino colaborará con él y le ayudará a alcanzar todo tipo de bien. Cuanta más determinación en el agricultor para amar y comprender a los demás, más fructíferas serán sus cosechas, y más prosperará. No sólo los agricultores, sino también los banqueros, los comerciantes, y los profesionales pueden trabajar en solidaridad y armonía con el principio de crecimiento y aumento. Este principio infinito de vida tiene la misma validez en todos ámbitos, ya que está presente en todas partes. Incluso los objetos que denominamos *inanimados* están totalmente impregnados de vida infinita, y hasta el dinero tiende al deseo de expandirse y crecer. Las herramientas de trabajo del comerciante están hechas de la misma sustancia que forma el universo, y contienen en sí mismas el origen de todo crecimiento y aumento. Por lo tanto, todos los hombres se encuentran interrelacionados cada día por el mismo principio vital, y pueden prosperar dándole las debidas gracias y demostrándole su reconocimiento a través de la entrega de parte de sus ganancias.

El valor del diezmo se determina en función del aumento de la fertilidad de la tierra. Al reconocer a Dios como origen de todo tipo de vida, el agricultor consigue aumentar la productividad de su campo; esta parte suplementaria, que de otra forma no habría obtenido, es la parte que Le corresponde a Dios. En el ámbito comercial, el valor del diezmo corresponde al incremento de calidad de un bien. Con respecto a la vida profesional, el diezmo es el aumento de una capacidad o del aprecio por parte de los usuarios. Se puede aplicar el principio de los diezmos a todas nuestras relaciones laborales y sociales. Cada vez que alguien lo hizo correctamente durante cierto tiempo obtuvo increíbles beneficios, como en el caso de los cultivadores de algodón en Georgia.

Mucha gente quiere dar y ser generosa, pero no sabe cómo hacerlo o por dónde empezar. No sabe cuánto dar, ni cuándo, ni con qué frecuencia ofrecer sus dones, y no tiene respuesta a toda una serie de interrogantes relacionados. Para contestar a esas preguntas hay que definir la base en la que se funda el acto de dar, la regla que hay que seguir. La ley de los diezmos es, en este caso, la más adecuada, ya que se trata de una base muy sólida, demostrada y comprobada durante miles de años. El diezmo será la décima parte de un sueldo, pago, o disponibilidad, del neto de las ganancias de un negocio, o del dinero recibido por vender algo. Se ajusta a cualquier forma de sustento, a pesar del canal por el que llegue, ya que el hombre puede prosperar en muchas formas distintas. Hay que destinar los diezmos al mantenimiento de obras o trabajadores espirituales, guardándolos antes de emprender cualquier tipo de gasto personal; ya que Dios siempre viene primero, y lo demás sigue según el orden divino ocupando el lugar que le corresponde.

La gran promesa de prosperidad dicta que si los hombres buscan primero a Dios y Su rectitud, entonces todo les llegará por añadidura. Una de las maneras más prácticas y razonables para buscar el reino divino es pagar los diezmos, poniendo a Dios en el primer lugar en los asuntos económicos. La experiencia de los que han seguido esta vía, la opción más lógica, demuestra que Dios cumple con Su promesa beneficiándolos de un flujo rebosante de todo lo que podían necesitar para su bienestar, riqueza y felicidad. El pago de los diezmos refuerza el método del acto de dar, y añade orden y aptitud a la consciencia, mejorando las condiciones de nuestra vida exterior y aumentando nuestra prosperidad.

Otro beneficio que procede del pago de los diezmos es la capacidad de ser constantemente generosos con respecto a lo que se recibe, que mantiene la mente receptiva al bien y ajena a la codicia. Hacer esporádicamente un regalo, aunque muy grande, y dejar pasar un tiempo muy largo antes de volver a hacerlo, no conlleva el alcance de este duradero beneficio, ya que entretanto la mente podría obstruirse debido a los pensamientos materiales de miedo, escasez, o egoísmo. Pagar los diezmos significa dar continuamente, para evitar la codicia, el miedo y otros pensamientos limitadores. Nada mantiene la mente de las personas tan ajena al miedo y abierta a la constante llegada del bien como el pago de los diezmos. El que cumpla con esta ley paga su diezmo cada vez que cobra algo, cuando sea. Cuando su prosperidad aumenta, su primer pensamiento es de agradecimiento a Dios entregándoLe la décima parte del importe.

La mente libre y abierta que se basa en Dios actuando de esta manera no podrá fallar en alcanzar la felicidad de una vida satisfactoria y realmente próspera. Los diezmos se basan en una ley infalible, y son la vía más segura para conseguir abundancia, ya que son la propia ley de Dios y Su manera de dar.

> *«Y todos los diezmos de la tierra, sea de la simiente de la tierra o del fruto de los árboles, de Jehová son: son cosa consagrada a Jehová».*

Damos como Dios nos da, sin reserva, y sin pensar en los posibles retornos ni exigiendo mentalmente recompensas de aquellos que hayan recibido nuestra generosidad. Un regalo hecho con reservas no es un don, sino un soborno. No hay promesa de crecimiento, a no ser que donemos libremente y por completo, y reconozcamos el alcance universal de la ley. Entonces el regalo tendrá la oportunidad de alejarse de nosotros y luego volver a nosotros multiplicado. No podemos prever lo lejos que llegará antes de volver, pero nos encantará y animará saber que cuanto más tiempo tarde en regresar, a más gente alcanzará y más corazones beneficiará, volviendo por fin a nosotros repleto de la sustancia que se le habrá añadido.

No tenemos que intentar preparar la vía por el regreso de nuestro bien. No hay motivo para pensar que lo que regalamos nos va a volver a través de la misma persona a la que donamos. Todos los hombres son uno en Cristo y forman parte de una hermandad universal. Debemos rehuir de todo tipo de reivindicación personal, como «Devolvedme lo que os di», y reemplazarla por «En cuanto se lo hicisteis a uno de estos mis hermanos menores, a mí me lo hicisteis». La ley nos devolverá lo que nos pertenece, y cosecharemos justo lo que sembramos. Lo nuestro nos será devuelto, porque la ley no puede evitar su cumplimiento, pero podría llegarnos a través de vías muy diferentes de las esperadas. Los intentos de determinar en el que se nos devolverá el bien son una de las vías que nos impiden aumentar nuestras provisiones.

El hombre que haya desarrollado su mente espiritual no tiene que emplear egoístamente la ley, tiene que dar por el puro placer de hacerlo. Dando sin pensar en posibles retornos y empujado únicamente por el amor, se garantizará por completo el inevitable cumplimiento de la ley y su certero rendimiento. Cuando Jesús dijo: «Dad, y se os dará; medida buena, apretada, remecida, y rebosante», no hizo una simple promesa; más bien dictó una ley infalible.

La magnificencia del Proveedor de todo bien es tan infinita que será la inagotable fuente de sustento para quienes dispongan de ojos para verla y fe suficiente para recibirla. La generosidad de Dios nunca niega su parte a los que la reivindican como hijos y herederos. Es un placer para el Padre ofrecernos de Su reino, y que todo lo que el Padre posee sea nuestro. Pero tenemos que demostrar la fe y el valor para reivindicarlo.

Los hombres que alcanzan grandes objetivos en el mundo material son los que confían en la capacidad de sus ideas para producir dinero. Aquellos que quieran demostrar la fuerza y el alcance de sus recursos espirituales tienen que confiar en las ideas divinas y expresarlas, sin dejar nunca de afirmar a cada instante el cumplimiento de la ley. Entonces la abundancia no tardará en manifestarse.

Dar generosamente: la clave para recibir con abundancia

EXISTE una ley del dar y recibir y tenemos que estudiarla a fondo si queremos aprovecharla para conseguir prosperidad. Es una ley que actúa en la mente, y podemos aprenderla y emplearla de la misma manera que las demás leyes. Sin embargo, las enseñanzas de Jesús ocupan un lugar prominente, porque se pueden aplicar a nivel práctico a todas las situaciones diarias de nuestra vida. No se trata simplemente de una religión, entendida según el sentido que habitualmente se suele atribuir a esta palabra, sino de una norma para pensar, hacer, vivir y ser. No funciona sólo a nivel ético, sino también a nivel práctico, y los hombres aún no han sondeado del todo las profundidades de las simples pero omnímodas palabras de Jesús. Para muchas personas es impensable relacionar las enseñanzas de Jesús con el hecho de hacer dinero y tener éxito en los negocios, sin embargo, una comprensión más profunda de su significado y de su objetivo, que el Espíritu de la verdad está revelando ahora mismo al mundo entero, demuestra que estas nobles enseñanzas son las reglas más útiles para cada ámbito de nuestra vida diaria, incluido el ámbito profesional. Son la fuerza vital para toda civilización y el auténtico fundamento de toda estabilidad económica. La ley del dar y recibir que Jesús nos enseñó, «Dad, y se os dará», se puede aplicar tanto a nuestras relaciones comerciales como a las sociales.

No tuvimos mucho éxito en convertir la doctrina de Jesús en una guía práctica y habitual para nuestra vida diaria porque no entendimos a fondo la ley la en que se basa. Jesús nunca habría construido una doctrina que no se fundara en leyes ciertas e inmutables, y podemos estar seguros de que la doctrina del dar y recibir es lo suficientemente poderosa como para sustentar todos los asuntos de nuestra civilización. No profundizamos en Sus enseñanzas como hubiéramos debido, pensando que estudiarlas superficialmente sería suficiente. «Miráis las cosas según la apariencia» nos dijo Pablo, pero «no juzguéis según lo que parece», nos avisó Jesús. No debemos sacar conclusiones antes de examinar minuciosamente las causas y las implicaciones de la ley. Las cosas que vemos en la apariencia son los efectos que surgieron de las causas invisibles para nosotros. Hay un dentro y un fuera de cada cosa: tanto las condiciones mentales como las espirituales impregnan el universo. El hombre se mueve a su gusto por la amplia gama de causas y efectos. El género humano a veces se tropieza casi inconscientemente con un efecto fruto de una causa invisible, y experimenta una sensación extraña, dado que no alcanza a comprender el poder que lo desencadenó.

Ahora la humanidad se está despertando justo a tiempo para retomar conciencia de que existen también las causas de las cosas, gracias, por ejemplo, a la doctrina de Jesucristo. Sin embargo los hombres no pueden captar esta gran verdad rápidamente y siguen agarrándose a lo que pueden ver con claridad, es decir, los efectos. La verdad según la cual las cosas poseen una identidad espiritual además de la material, y que la parte espiritual es, de hecho, la que tiene más valor en cuanto causa y origen, es una revelación que mucha gente tardará a comprender. En estas situaciones la gente suele agarrarse al aspecto material de las cosas, considerándolo el único existente y negándose por tanto a desprenderse de él. Considera sólo la apariencia de la doctrina de Jesucristo, tomando sus enseñanzas al pie de la letra y haciéndolas realidad para que se ajusten a sus creencias y costumbres. Eso explica por qué el mensaje de Cristo no ha conseguido purificar los comercios, las sociedades y los gobiernos.

Para hacerlo, tendría que poder obrar a nivel espiritual. Esta deseable labor podrá llevarse a cabo cuando la humanidad se concentre en el aspecto espiritual, comprendiéndolo y haciéndolo realidad.

El ámbito económico necesita reformarse más que cualquier otro aspecto de nuestra vida diaria. El dinero ha sido manipulado por la codicia hasta un punto tal que la codicia misma ya está saciada y pide secretamente un remedio. Pero no se dirige a la religión de Jesucristo en busca de sanación, ya que es el último lugar al que acudiría para pedir ayuda, porque muchos de aquellos que lo hacen dependen del dinero, y como no comprenden la potencia de su religión siguen sin solucionar sus problemas económicos. Con lo cual jamás se encontrará una solución a los males económicos del mundo, a no ser que se pongan realmente en práctica las leyes en las que se basa la doctrina de Jesucristo.

Hallaremos la solución adecuada si relacionamos los elementos que conforman el problema del modo correcto. Toda verdadera reforma empieza a nivel individual. Jesús mismo empezó por lo individual. No invocó la ayuda de la legislación para que controlara al hombre o sus actos. Llamó a sus doce apóstoles, y con ellos fundó Su reforma basada en el despertar de la inteligencia, honestidad y bondad innatas de cada hombre, diciéndoles: «Id por todo el mundo y anunciad las buenas nuevas a toda criatura».

Cuando las personas aprendan más sobre el efecto dinámico del pensamiento y sobre cómo las ideas se transmiten de una mente a otra, aumentará su comprensión de la sabiduría de las enseñanzas de Cristo. Empezarán a entender que existe una sólida ley que gobierna la acción mental, y que el pensamiento y el discurso se pueden reconducir a ella. Por lo tanto, cuando Jesús dijo: «Porque por tus palabras serás justificado, y por tus palabras serás condenado», en realidad nos estaba enseñando el poder de los pensamientos y de las palabras para conseguir resultados basados en las ideas que los sostienen.

Estudiando el aspecto metafísico de las enseñanzas de Jesús, hemos descubierto que algunos de los pensamientos que las personas tienen en sus mentes son la causa de la difusión del sufrimiento, de las enfermedades y de la muerte. Sin embargo, hemos también descubierto que dichos pensamientos pueden disolverse o transformarse a través de la propia voluntad de renovación del hombre. Pablo había comprendido a fondo este proceso cuando nos dijo: «Transformaos por medio de la renovación de vuestro entendimiento».

Entre los pensamientos negativos que los hombres a veces se conceden experimentar, se encuentran también aquellas formas de egoísmo que conocemos como avaricia, codicia, acumulación de dinero, deseo de obtener ganancias económicas y apoderarse de las cosas del mundo. Estos pensamientos amenazan con dificultar gravemente la civilización del mundo y la estabilidad de toda la humanidad. El solo pensamiento de acumular dinero está desprendiendo sus frías exhalaciones en las almas de los hombres y de las mujeres hasta impedir el acceso a cualquier vislumbre de amor e incluso de vida. Por suerte, ya disponemos del remedio para reparar la aflicción causada por los pensamientos negativos: pensar de manera constructiva según los principios establecidos por Jesús. De hecho, el alivio para toda enfermedad reside en la ley divina que Jesús reveló a Sus verdaderos seguidores, los que eran «de un corazón y un alma; y ninguno decía tener como suyo propio nada de lo que poseía, sino que tenían todas las cosas en común» (Hechos 4, 32).

Muchos auténticos cristianos observan esta justa ley e intentan cumplir con ella en la vida comunitaria. Pero sus esfuerzos no siempre tienen éxito, debido a la falta de reconocimiento del factor mental y de la disciplina necesarios para generar correctamente las ideas. Mientras la idea de codicia siga prevaleciendo en la mente humana en cuanto factor de creación, no tendremos éxito en la vida comunitaria. Para garantizarnos salidas exitosas a nivel exterior, antes tenemos que eliminar la idea de codicia del plano mental.

En todo el mundo los auténticos metafísicos se están preparando para formar parte de la inmensa colonia que Jesús está convocando, tratando de eliminar de sus mentes todas las ideas egoístas y las demás vibraciones discordantes que puedan causar desarmonía entre los miembros de un mismo grupo. Un paso en esta dirección es la introducción gradual de un plan de «ofrendas libres» para reemplazar el estándar comercial del mundo según el que se suele recompensar por los servicios recibidos. Estamos intentando concienciar a las personas con respecto a la cuestión del dar y recibir, para que sus propias experiencias puedan demostrarles la existencia de una ley divina del equilibrio en los asuntos económicos, que corresponde a la ley que mantiene y sostiene el Sol y los planetas. Para que nuestros esfuerzos tengan éxito, necesitamos la preciosa colaboración de todos. La ley se basa en el amor y en la justicia para solucionar de manera equitativa y armoniosa todos los problemas de los hombres. Y va aún más allá, ya que restablece también el equilibrio y la armonía, tanto en la mente como en el cuerpo, llevando felicidad, salud y prosperidad. El amor y la justicia son muy poderosos, y tendrían que ejercer su influencia en todas las cosas, para que al menos unos cuantos hombres y mujeres justamente motivados puedan, a través de la rectitud de sus pensamientos y acciones, llevar estas ideas a la conciencia de la humanidad y allanar el camino para difundir su adopción a nivel universal. Este movimiento ya ha nacido, y sigue progresando con rapidez. Por lo tanto, necesitamos que cada estudiante y cada lector de este texto contribuya a darle impulso decidiendo rechazar el egoísmo y cualquier tipo de obligación negativa.

La conciencia de la humanidad está formada por las corrientes de pensamiento y creencias dominantes de la gente. Sólo algunos hombres y mujeres se elevan por encima de estas corrientes y se convierten en pensadores independientes. Decidiendo pensar y actuar según las enseñanzas de Cristo, estos individuos logran reemplazar la idea según la cual el éxito se consigue gracias a la acumulación de dinero por la idea de utilidad y buenas obras. Para formar parte de este grupo y contribuir a la renovación de la conciencia de la humanidad, tienes que entregarte al ministerio de Jesús y comprometerte en llevar a cabo la gran obra que te encargó. Eso no significa que tengas que predicar como Pablo o empeñarte en realizar inmensas obras exteriores. En el silencio de tu «espacio interior» puedes llevar a cabo la labor más potente rechazando a diario la avaricia y la codicia, y afirmando el dominio universal del amor divino y de la justicia, centrando tus palabras y actos en las ideas de justicia y equidad entre los hombres. Y cuando veas ejemplos de codicia y avaricia o experimentes uno de estos pensamientos, recuerda las palabras del Maestro: «¿Qué te importa a ti? Tú, sígueme».

No pienses en ningún momento en hacer planes para sobreponerte a los demás hombres en cualquier trato o negocio. Mantente firme en la ley de equidad y justicia que obra en ti y a través de ti, sabiendo que dispones de todo lo que necesitas para satisfacer tus demandas. Aprecia plenamente todo lo que recibas, e intenta hacer lo mismo con lo que des, pero sin emplear métodos humanos. Existe una vía mejor: piensa en ti mismo como en el Espíritu que obra con las más poderosas fuerzas espirituales, y reconoce que siempre hay y habrá que cumplir con Sus demandas.

No pienses en acumular para el futuro; deja que el futuro lo haga por sí mismo. Quedarte con dudas y temores sobre este punto mina tu fuerza y agota tu poder espiritual. Mantente firme confiando en la omnipresencia de las provisiones universales, en su perfecto equilibrio y en su rápida acción para llenar todo tipo de aparente vacío o escasez. Tanto si solías acumular dinero como si vivías con estrecheces económicas, transforma tus pensamientos en generosidad. Da con amor, aunque cuando no haya posibilidad de retorno. Llena tu don de sustancia real, dona la sustancia de tu corazón en forma de dinero o lo que sea. Puedes bendecir y multiplicar espiritualmente lo que des gracias al poder de tu palabra. Imagínate como el administrador de Dios que reparte Sus inagotables provisiones. De esta manera pondrás en funcionamiento potentes fuerzas físicas y mentales que al final cubrirán tus necesidades. Da con felicidad. Dios ama a los que se alegran de dar, porque su mente y su corazón están abiertos para recibir el flujo de la pura sustancia del Ser que mantiene en equilibrio todas las cosas.

No des convencido de que estás haciendo una obra de caridad. La idea de caridad mancha la consciencia de la humanidad desde hace siglos y es la causa principal de la dependencia humana. Haz todo lo que puedas para apartar de tu vida estos pensamientos erróneos. No hay nada que haya sido tan malinterpretado que el concepto de *caridad*. Todo pertenece a Dios y todos Sus hijos tienen el mismo derecho a convertirse en Sus herederos. El hecho de que alguien disponga momentáneamente de una cantidad superior y decida dar parte de ella a otros no le convierte en un benefactor, ni hace del otro un mendigo. El que tiene más es simplemente un administrador de Dios que desempeña su papel. La sabiduría divina y la comprensión del acto de dar son una alegría tanto para quien da como para quien recibe.

Los seguidores de Jesús que, como Él, enseñen y curen, tendrían también que encargarse de recibir ofrendas por sus servicios y repartirlas entre la gente. La mayoría de los que acuden a los maestros y a los sanadores reconoce la ley del dar y recibir, pero hay también quien no lo hace: primero, los esclavizados por la idea de avaricia; y segundo, los que siguen sometidos a la idea de caridad. Ambos grupos necesitan ser educados y tratados para alejarse de sus limitaciones y enfermedades mentales. Los codiciosos sufren más físicamente y son los más difíciles de curar, debido a sus engañosas predisposiciones mentales, que les empujan a intentar conseguir las cosas al menor precio posible, incluyendo el Reino de los cielos. Hay que educar a estas personas con mucha paciencia para que sean justas, para que se desprendan de su espíritu de codicia y lo reemplacen por el espíritu de generosidad. Lo conseguirán fácilmente si practican algunos ejercicios mentales, aunque muy difícilmente estarán dispuestos a desprenderse del símbolo del dinero. Sin embargo, los tratamientos silenciosos, acompañados por instrucciones escritas y orales, al final prevalecerán y conseguirán sanarse.

Hay muchos ejemplos que pueden demostrar el verdadero funcionamiento de la ley. La idea de codicia ejerce un poder muy grande sobre el cuerpo. Serviría de poco tratar sus manifestaciones exteriores sin antes eliminar la causa interior de la mente. La sanación de estas personas es aprender a dar libremente y generosamente, no por obligación o en busca de una recompensa, sino por el amor de dar.

Algunos metafísicos creen curar a sus pacientes del pensamiento de codicia cobrándoles precios exorbitantes; ¡como si el médico que cobrara más estuviese más seguro de sanar a sus pacientes, y cada servicio por el que se cobraran sumas astronómicas fuera el mejor! Esta idea carece de sentido. Los sanadores metafísicos se han vuelto tan populares que centenares de personas han decidido dedicarse a esta profesión, convirtiéndola en un negocio fundado en la antigua idea de comercio, tan fría y calculadora como inflexible e implacable son las tropas de cambistas de Mamón, el dios de la codicia.

Por cierto existe una «mejor vía», más en armonía con la ley divina, que permite el empleo tanto del corazón como de la cabeza y de las manos para el placer de dar y recibir. Los que se sirven del método de la libre ofrenda encuentran la crítica y la oposición de aquellos que siguen apoyándose en el método comercial y sostienen que la única forma legítima de trabajar requiere del cobro. A ellos contestamos que estamos recorriendo la única vía que podría, de hecho, erradicar estos estados equivocados de la conciencia y ayudar a las personas a comprender la ley espiritual de la prosperidad a través del acto de dar con amor.

Todos los que dan tendrían también que recibir; de hecho, sólo dando se puede recibir algo. Sin abrir la mente a la Verdad y llenar de vida el mismo centro del corazón no hay sanación permanente. Cada uno puede devolver algo de lo que reciba. Nuestro objetivo es demostrar a los pobres carentes de recursos que hasta ellos pueden dar algo a cambio del bien que hayan recibido. Por ejemplo, pasarle la verdadera palabra a alguien que la necesite, o simplemente levantar sus voces para dar las gracias y alabar en lugar de quedarse mudos como antes. Sabemos que hace falta sacudir la mente esclavizada por la codicia, para que pueda desprenderse de ella y recibir la luz y el poder del Espíritu.

Nuestra tarea es guiar a hombres y mujeres hacia el descubrimiento de aquel lugar interior donde se realiza su dominio real y duradero. Podemos hacerlo demostrándoles que son seres espirituales, que viven en el mundo espiritual aquí y ahora, y que pueden alcanzar este dominio si comprenden la Verdad de su esencia y su relación con Dios.

El hecho fundamental que deben llegar a comprender es que las ideas tienen el poder de construir las estructuras del pensamiento, que sucesivamente se hacen realidad a nivel exterior y determinan cada detalle de nuestra existencia. Cada hombre es un rey que gobierna a sus propios súbditos. Los súbditos son, de hecho, las ideas que existen en la mente, los temas tratados por el pensamiento. Cada idea es tan variada y posee tantos rasgos característicos como los habitantes de un imperio; sin embargo, todas pueden volverse súbditas y verse obligadas a obedecer al poder del YO SOY, que es el legislador del reino. En el dominio de tu mente pueden existir colonias de ideas ajenas —como los filisteos, los cananeos, y otras tribus extranjeras, que los Hijos de Israel encontraron en la Tierra Prometida cuando intentaron tomar posesión de ella. La historia de los Hijos de Israel y de cómo consiguieron la posesión de aquella tierra es la representación simbólica de la experiencia de cada persona que intenta reivindicar su propia conciencia en el nombre del Señor. El significado hebreo del nombre *cananeo* es «mercader» o «comerciante»; en otras palabras, se refiere a una clase de ideas relacionadas con ese aspecto comercial de la vida. Profundizando en nuestro conocimiento de la historia de los Hijos de Israel (ideas espirituales) y de los cananeos entenderemos cómo dominar y gestionar nuestras ideas sobre la obtención del dinero.

Puedes dejar que la codicia y la mezquindad se desarrollen en el dominio de tu mente hasta que la sangre de tus venas empiece a agotarse y tus nervios sean sacudidos y paralizados por el miedo de la futura pobreza. Si es así, es tiempo de deshacerte de estas ideas y establecer un nuevo dominio en tu mente basado en ideas que contribuyan activamente a la consecución de un nuevo estado de conciencia (nación). Empieza enseguida a alejar los pensamientos agotadores sobre el dinero que puedes ganar. Piensa en la generosidad y saca provecho de ella por tu propio bien. «Más bienaventurado es dar que recibir» es la evidencia de la ley que se te demostrará sola, ya que serás bendecido con un nuevo flujo de ideas de vida, bienestar y prosperidad en cuanto empieces a dar.

En lugar de ser codicioso y avaricioso, quizá hayas llegado al extremo opuesto y hayas cultivado ideas de estrecheces económicas, fomentando la pobreza a través de tus pensamientos sobre céntimos en lugar de dólares y centenares en lugar de millares. Puedes pensar que no puedes dar nada porque tus ingresos son demasiado modestos o tus provisiones limitadas. Tu salvación es cultivar ideas de abundancia, afirmando que Dios es tu inagotable recurso y que todas las cosas te pertenecen. Sin embargo, para hacer funcionar la energía acumulada a través de tus pensamientos tienes también que empezar a dar. Probablemente al principio no podrás donar más que céntimos, pero hazlo en el nombre y según el espíritu de la plenitud de tu Dios, despidiéndote de ellos con todo el amor de tu corazón y diciéndoles: «El amor divino os bendice a través de mí y os hace multiplicaros».

Tu consciencia es como una corriente de agua. Si por cualquier motivo se detiene el flujo de la corriente, el agua se quedará en las zonas bajas y se estancará. La manera más rápida para purificar y recuperar estas áreas «pantanosas» de tu consciencia es dejar fluir la corriente con ímpetu para que abra el dique. Muchas personas intentan conseguir la abundancia de las provisiones divinas gracias a la mera repetición de las afirmaciones hoy existentes, pero no rechazan y, por lo tanto, no se desprenden de las antiguas condiciones y creencias sobre la escasez empezando a dar con la mayor generosidad posible. No hay que valorar la cantidad que se da según los estándares del mundo material, sino en base al bien que se asocie al regalo; es decir, según estándares espirituales.

«Dios ama al dador alegre». La palabra griega aquí traducida como «alegre» es *hilarion*, que significa «contento, lleno de alegría». El regalo se puede evaluar en términos de dólares y centavos, pero Dios no valora estos estándares, sino el amor de quien da con alegría. En el Deuteronomio 28, 47-48 se lee: «Por no haber servido al Señor, tu Dios, con alegría y de todo corazón, mientras lo tenías todo en abundancia, servirás a los enemigos (...) en medio del hambre y la sed, de la desnudez y de toda clase de privaciones». Eso demuestra que existe una relación evidente entre la alegría con la que demos y el alcance de la prosperidad. Con independencia del tamaño del regalo que donamos, debemos hacerlo con mucha alegría, sonriendo, acordándonos de que Dios ama al dador que ría. «Guardad, pues, las palabras de este pacto y ponedlas en obra, para que prosperéis en todo lo que hagáis».

Bendiciones que se pueden añadir a nuestros regalos

El amor divino bendice y multiplica estas ofrendas a través de mí.

El Padre da con abundancia; yo me alegro por lo que recibo, y vuelvo a donarlo con generosidad.

Ésta es la recompensa divina, y yo la dono a mi vez con sabiduría y felicidad.

El amor divino concede y aumenta copiosamente estas ofrendas.

Yo dono libremente y sin temor, cumpliendo con la ley del dar y recibir.

Acumular tesoros

TRAS dar de comer a la multitud gracias a la multiplicación de los panes y los peces, Jesús ordenó que recogieran los restos para aprovecharlo todo. «Y comieron todos, y se saciaron; y recogieron lo que sobró de los pedazos, doce cestas llenas». Cualquier desperdicio es una violación de la ley divina de conservación. En toda la naturaleza hay ejemplos de sustancia energética almacenada, lista para ser utilizada según las necesidades.

Esta reserva de fuerza no es material, sino espiritual. Está lista para ser transformada y satisfacer cualquier exigencia. Sin embargo, si se mantiene inutilizada, se manifiesta en desarmonía y escasez, tanto en el cuerpo del hombre como en las provisiones exteriores. Debido a esta idea equivocada sobre la fuerza espiritual, el hombre comete muy a menudo el error de caer en la costumbre de acumular en lugar de conservar, agrupando cosas a nivel exterior en el vano intento de prevenir posibles escaseces futuras y poder considerarse rico por sus posesiones materiales.

Las personas que ya han alcanzado cierto grado de consciencia espiritual están aprendiendo que todas las riquezas residen en la interioridad espiritual de las ideas divinas. Así se dedican a la ley de conservación a nivel espiritual e intentan construir sus reservas de sustancia, vida, fuerza, y poder en su consciencia, más que acumular tesoros materiales que «la polilla y el orín corrompen» y los «ladrones minan y hurtan».

Los hombres y las mujeres dispersan sus energías por los cuatro costados para satisfacer los apetitos de la carne, y luego se preguntan por qué no consiguen la prosperidad deseada. Sólo con que supieran que esta misma fuerza del pensamiento puede conservarse y expresarse a través de canales más constructivos, lograrían prosperar muy pronto. El Espíritu necesita sustancia para poder actuar, de la misma manera que la sustancia debe estar presente en tu mente. Si dejas que tu sustancia se vaya por todas partes, empleándola en pensamientos desenfrenados, ¿cómo puedes acumularla para que te lleve prosperidad? Un desperdicio tal de sustancia es una violación de la ley de la prosperidad, una ley que cada persona tendría que conocer. Una vez que hayas vencido tu deseo de disipación, no sólo a nivel exterior sino también en tus íntimos deseos, entonces empezarás a acumular sustancia, que te hará prosperar según la ley.

Uno de los principios fundamentales del cristianismo dicta que el objetivo principal de Dios es el alcance de la perfección en el hombre. El hombre es el ápice de la creación, hecho a imagen y semejanza de Dios, y dotado de plena autoridad y dominio sobre sus pensamientos elementales. A veces pensamos que necesitamos tener éxito en los negocios o en alguna profesión para volvernos ricos y famosos. Pero ese pensamiento es un error con respecto a «la soberana vocación de Dios en Cristo Jesús», es decir, la demostración de la idea divina de hombre perfecto. El verdadero objetivo de la vida no es enriquecernos o volvernos famosos, sino construir nuestro carácter y desarrollar nuestras potencialidades latentes Una parte del plan divino prevé que Dios proporcione sustancia a Su creación para satisfacer sus necesidades mentales y físicas. No estamos estudiando la prosperidad para enriquecernos, sino para desarrollar todas aquellas características fundamentales que, una vez perfeccionadas, fortalezcan nuestro carácter y nos permitan conseguir la prosperidad.

La fe es la facultad de la mente relacionada con la idea de sustancia universal; es decir, la sustancia de las cosas que esperamos. Todo en Dios es ideal, sin forma ni tamaño, pero con todas las potencialidades, ya que Dios es omnipresente tanto en nuestra mente como en nuestro cuerpo. Y es a través del cuerpo que podemos llevarLe a manifestarse en lo visible gracias a la fe, que se encarga precisamente de hacer visible la sustancia de las ideas.

La obtención de la riqueza parece ser el único objetivo de la existencia de algunos individuos. Loa autores de los tiempos de la Biblia predicaban constantemente contra los males procedentes del dinero. Es cierto que Jehová siempre prometía riquezas y honores a los que cumplieran con sus mandamientos, pero se trataba de oro y plata en términos espirituales más que materiales. Dios es mente, y la mente sólo puede proporcionarnos ideas, que se convertirán en oro o en lo que deseemos según la fuerza de nuestro pensamiento. Los únicos tesoros que merece la pena guardar son los que residen en los cielos de la mente. El único oro que no fallará en garantizarnos felicidad es el oro del Espíritu. «Por eso, te aconsejo: cómprame oro purificado en el fuego para enriquecerte, vestidos blancos para revestirte y cubrir tu vergonzosa desnudez…».

Pablo nos dijo que «el amor del dinero es la raíz de todos los males», que, por supuesto, significa que amando el dinero el hombre lo está, de alguna forma, limitando. El hombre no ama la verdadera fuente espiritual del dinero, sino el objeto material en sí; actuando de esa manera, el hombre viola las leyes tratando de apropiarse de las cosas en lugar de comprender la idea que las sostiene. Tenemos que aprender la ley, observarla en la gestión de nuestro dinero, y hacer que el amor sea el imán para nuestras provisiones, en lugar de enredarnos en el egoísmo y en la codicia que hoy en día causan tanta desarmonía y sufrimiento en el mundo. Debemos entender que la sustancia universal atañe también al dinero, y nos pertenece en toda su plenitud.

En la parábola del sembrador Jesús usa una frase extremadamente llamativa. Parte de las semillas buenas fueron asfixiadas por las espinas, que representan el «engaño de las riquezas». El dinero es una trampa. Promete facilidades, y conlleva preocupaciones; promete placeres, y los cobra con el sufrimiento; promete volvernos influyentes, y nos devuelve envidia y celos; promete felicidad, y nos da penas; promete quedarse permanentemente, y al final desaparece.

A nivel metafísico, es mucho mejor, o por lo menos más seguro, ser pobre que rico. Jesús nos lo enseñó en la parábola del hombre rico y de Lázaro, donde el rico suplica al pobre para que alivie sus tormentos con un trago de agua. Sin embargo, si los ricos son miserables, también los pobres que deseen enriquecerse lo son. La pobreza y la riqueza son los polos de un imán cuyo eje es la idea de que poseer bienes materiales brindará felicidad al poseedor. Esta creencia es una falsa ilusión, y hay que tenerles lástima a los que se dejan atraer por ella e hipnotizar por el deseo de posesiones materiales, las consigan o no.

El verdadero poseedor de riqueza es quien sabe aprovechar la utilización de las cosas sin cargarse de la posesión material de nada. Diógenes era el hombre más feliz en el mundo a pesar de que viviese en una cuba. Su filosofía ha sobrevivido a la influencia de sus ricos y poderosos contemporáneos. Dando vueltas por las calles, buscaba a los hombres honestos con un farol aunque fuese mediodía, demostrando que escaseaban tanto en su tiempo como ahora en el nuestro.

De todas formas, la amplísima difusión del deseo por la posesión de bienes materiales indica que debe de haber algo bueno en ellos. El hombre natural procede de la tierra, del polvo, y ama su elemento natal. El hombre espiritual procede de lo alto, de los cielos de la mente; como Jacob, se coloca en el primer lugar reemplazando al hombre natural. Los hombres no deben condenar la tierra por eso, pero tampoco deberían amarla excluyendo los cielos, y tienen que comprender que la sustancia es el día a partir del que el Padre creó a Su gente. «Vuestro Padre celestial sabe que de todas estas cosas habéis menester (...) Mas buscad primeramente el Reino de Dios y su justicia, y todas estas cosas os serán añadidas».

La ley divina dicta que la tierra es del Señor, como la plenitud que del mismo procede. Si los hombres comprendieran a fondo esta verdad, harían públicas de inmediato todas sus pertenencias, poniéndolas al alcance de todos. Los primeros discípulos de Jesús habían entendido que su religión exigía que entregasen todos sus bienes a sus gobernantes, los cuales se encargarían de repartirlos y utilizarlos según las necesidades de todos. Bernabé, el compañero de Pablo, donó su campo. Ananías y Safira vendieron su tierra y entregaron el dinero ganado a Pedro, pero se quedaron una parte: no vencieron su temor por la posible escasez futura y no confiaron por completo en las enseñanzas y en las promesas del Maestro.

Una vez que hayamos reconocido la verdad de la omnipresencia de Dios en cuanto sustancia y provisión para cada necesidad, no tendremos ocasión para quedarnos una parte de ofrenda como hicieron Ananías y Safira. No podemos acumular dinero en su aspecto material sin violar la ley, según la cual disponemos de toda la sustancia necesaria para nuestro sustento. Pedimos a Dios nuestro pan «de cada día» y lo conseguimos, pero no podemos acumularlo en nuestras manos para no correr el riesgo de quitar a alguien su parte de provisiones. La idea metafísica que corresponde a esta parte del Padre Nuestro es «Danos hoy la sustancia para el pan de mañana». No pedimos pan, sino sustancia, que el Espíritu decide proporcionarnos en forma de pan, vestuario, amparo, o cualquier cosa que podamos necesitar.

La sustancia nos llega en forma de dinero para que le demos usos constructivos y para satisfacer nuestras exigencias inmediatas, no para que la acumulemos o la desperdiciemos tontamente. Una vez que te hayas liberado de la esclavitud del pensamiento de acumular dinero, no te dediques al extremo opuesto gastándolo de manera excesiva. El dinero es para utilizarlo, no para que se abuse de él. Es bueno cubrir las obligaciones con éste; es bueno disponer de dinero para hacer el bien, dedicándolo a la hospitalidad, a la educación, al desarrollo de industrias que participen en mejorar las condiciones de vida, y al fomento de la espiritualidad; para ayudar a los demás a conseguir que sus vidas sean más útiles y constructivas, y para muchos otros propósitos y actividades. Sin embargo, no hay que olvidarse nunca de que la conservación del dinero debe justificarse con motivos constructivos. El dinero acumulado bajo propósitos constructivos definidos es muy distinto del dinero acumulado por el miedo a los futuros «días de lluvia» o por el temor a una larga temporada de escasez y sufrimiento. El dinero ahorrado en previsión de los «días de lluvia» simplemente hará realidad este temor, ya que el miedo atrae infaliblemente lo que se teme. «El temor que me espantaba me ha venido.»

El dinero ahorrado como «fondo para las buenas acciones» contribuye a aumentar tus posibilidades de hacer el bien, pero el dinero acumulado por miedo o bajo la influencia de pensamientos mezquinos no te reportará ningún beneficio. Los que siguen pensando en la acumulación de dinero, pensamiento lamentablemente predominante en el mundo de hoy, atraen problemas e incluso desastres hacia sí mismos, porque este tipo de pensamiento se acompaña siempre del miedo a perder dicha riqueza. Estamos personas actúan en función del miedo, con lo cual la escasez que temen no tardará en manifestárseles tarde o temprano. La idea mundana de prosperidad se basa en una concepción equivocada de las provisiones. Incluso con una idea correcta sobre el origen espiritual de las riquezas, se podría tener una idea equivocada sobre su verdadera disponibilidad como flujo de sustancia espiritual de la cual poder disfrutar constante y libremente. Dios no vistió los lirios en un momento, para luego enfrentarlos a un destino de escasez; siguió proporcionándoles las provisiones necesarias para su crecimiento. Podemos tranquilizarnos porque tenemos la garantía de que hará lo mismo con nosotros, día tras día, según nuestras necesidades. Cuando, por el contrario, dudemos de eso y dependamos de la acumulación de dinero, estaremos cortando el flujo de las provisiones divinas que pueden llegarnos. Y así, una vez gastada, agotada, perdida o robada nuestra pequeña reserva, seremos como el hijo pródigo y volveremos a necesitar la ayuda de Dios.

Jesús no poseía tierras. Sin embargo, nunca Le faltó nada. A pesar de no acumular tesoros mundanos, Su consciencia interior era rica en los tesoros del cielo, listos para exteriorizarse en caso de necesidad.

Sabemos perfectamente que tarde o temprano tendremos que desprendernos de nuestras posesiones temporales. ¿Eso te hace pensar en la muerte y en el hecho de alejarte del mundo? Si es así, esa es la demostración de lo poderosa que se ha vuelto, también en tu mente, la creencia de la humanidad en la acumulación de riquezas mundanas. Los hombres pueden pensar en el abandono de sus posesiones materiales sólo en relación con su muerte. Parecen preferir la muerte al rechazo de su idea de riqueza. Tomando este tipo de decisión, deciden por sí mismos sobre su futuro. Eso explica por qué es tan difícil que un hombre rico pueda entrar en el Reino de los cielos: porque almacenó muchos tesoros en la tierra, pero no suficientes para el cielo; porque no se empeñó para que su mente consiguiera la conciencia del polo positivo de las riquezas, la verdadera idea de riqueza; porque sigue agarrándose al aspecto negativo de la idea de riqueza, a su parte variable e inconstante. Las cosas materiales fallecen si no se conectan firmemente con el inmutable Origen positivo.

La verdadera riqueza y prosperidad reside en la aceptación de la existencia de la sustancia omnipresente de la que todo procede, y en la necesidad de actuar a nivel mental para unirnos con ésta para que sus manifestaciones sintonicen con nuestros deseos y necesidades. En lugar de comprender la naturaleza inagotable, eterna y omnipresente de la sustancia, la estamos limitando. Pensamos que podría no ser suficiente para todos y entonces sería mejor darnos prisa para apropiarnos de nuestra parte; que debemos tener cuidado en gastarla y guardar algo en previsión del tiempo en que la reserva se acabará. Si vivimos en la conciencia de que las provisiones son limitadas, concluiremos que es necesario ahorrar cada vez más. Disminuiremos nuestra acción mental, y lo mismo pasará con nuestro dinero, pues aquello en lo que pensamos se manifiesta de la misma manera en nuestra vida. Este comportamiento aprieta el canal a través del cual nuestra sustancia se exterioriza y reduce el flujo de nuestras provisiones. Y así llegan la depresión, la crisis, la escasez, y nos preguntamos por qué, intentando echar la culpa al Gobierno, o a la guerra, o a la industria, o incluso al Señor, sin pensar nunca en culpar al verdadero culpable: nosotros.

Esta actitud de la mente daña más a la gente que llevarla a la miseria. Si la gente decide relajar su mente, lo mismo pasará con los nervios y los músculos de su cuerpo. En cambio, las personas tienen que aprender a reconocer la causa de su cansada y perezosa actitud mental y desprenderse en seguida de ella. Entonces al alivio mental le corresponderá también el alivio en la vida material.

Casi todos hemos crecido con la creencia de que la economía es un tema muy importante, incluso una virtud, que hay que guardar el dinero y tener una cuenta bancaria. Ahorrar dinero es la receta de los hombres ricos para tener éxito. No es una mala idea. Tiene que haber dinero en los bancos para mantener la industria y los negocios. A través de nuestra cuenta bancaria contribuimos al bienestar de la comunidad, si actuamos según la justa idea; es decir, que el Señor es nuestro banquero.

La palabra inglesa para decir avaro, *miser*, deriva de la misma raíz latina de la palabra *miserable* y describe la condición de los que aman y acumulan dinero, tierras, u otros bienes materiales. Las historias que se cuentan sobre los avaros resultan ser bastante increíbles, sin embargo casi cada día la prensa publica artículos sobre los lastimosos apuros a los que pueden llegar en el intento de incrementar sus riquezas. A veces llegan hasta sufrir el hambre para añadir unos dólares, cuando no unos céntimos, a sus reservas. Hace poco los periódicos publicaron la noticia de un hombre de Nueva York que, aunque poseedor de once millones de dólares, iba de oficina en oficina recogiendo el papel tirado a la papelera, para luego venderlo por pocos céntimos. Otro hombre igualmente adinerado decidió no comprarse abrigo y protegerse del frío poniéndose periódicos debajo de su bata. Los hombres de este tipo no sólo son miserables ellos mismos, sino que vuelven miserables también a los que los rodean. Otro periódico de Nueva York habló de uno de estos millonarios cuando murió. Unos ladrones entraron en su casa, pero salieron sin haberse podido llevar nada.

No necesitas acumular tesoros en previsión del futuro cuando ya sabes que la ley del bien omnipresente te concederá todo directamente desde tu interioridad. Conforme desarrolles la ley interior de tu mente, atraerás hacia ti todo el bien para tu vida.

Visualiza en tu mente abundancia por todas partes. Sí, a veces es muy difícil vencer el pensamiento de que no haya suficiente para todos, ya que se trata de una idea insidiosa que ha permanecido en nuestra consciencia durante mucho tiempo. Pero se puede conseguir. Otros ya lo han hecho y siguen haciéndolo. La ley de la prosperidad no es una teoría, sino un hecho demostrado, y miles de personas pueden declararlo. Ahora ha llegado el momento de abrir tu mente y ver la abundancia. En cuanto lo hagas, te darás cuenta de que tus provisiones empezarán a aumentar. Rechaza de tu mente todos los pensamientos de escasez y afirma la abundancia de todo bien. La ilimitada sustancia que la Mente infinita te proporciona está ahora mismo a tu alcance, pero tienes que apropiarte de ella. Es como el aire: hay que respirarlo para cogerlo. Está a tu disposición, y tienes que aprovecharla. Debes desarrollar este maravilloso poder de la mente para comprender que hay abundancia de todo, y que a través de ello puedes alcanzar la sustancia invisible de tu mente y hacerla manifiesta gracias a la fe. Como Job, aprende que ahora disponemos de más de lo que nunca dispusimos, en la realidad y en la Verdad. No hay escasez, carencia o depresión en Dios.

No tengas miedo, a pesar de cómo afecten a los demás las apariencias exteriores. Mantente firme aunque los que te rodean no lo hagan. Niégate a llenar tu mente con los antiguos pensamientos materiales sobre la economía que te llevaban a rechazar lo que realmente necesitas. Elimina las antiguas ideas limitantes. Declara tu libertad y tu fe como hijo de Dios. No gastes o ahorres tontamente. El agricultor no desperdicia su trigo cuando siembra un campo. Sabe cuánto sembrar en cada acre y no escatima nada, ya que es consciente de que a una pobre siembra corresponderá una pobre cosecha. Siembra abundantemente, pero sin exagerar, y cosecha acorde con lo que has sembrado. «Todo lo que el hombre siembre, eso mismo segará.» «El que siembra escasamente, escasamente también segará; y el que siembra abundantemente, abundantemente también segará.»

No podemos evitar darnos cuenta de que la escasez y las crisis en lo exterior son el resultado de estados mentales. Estas situaciones se producen en el mundo porque los hombres no actuaron según el Principio divino y no emplearon adecuadamente su capacidad de juicio espiritual. Cuando invierten en acciones o inmuebles, actúan teniendo en cuenta la opinión de otros hombres, que a veces se definen como expertos. Y luego quiebran, demostrando lo poco que los expertos comprenden las verdaderas leyes de la riqueza. Tenemos que acudir al experto que conozca realmente la ley por haberla decretado, entrar en nuestra interioridad y meditar en silencio sobre estos temas. Entonces el Señor se encargará de gestionar personalmente nuestras finanzas: nos enseñará cómo sacar de ellas el máximo provecho, y cómo dar según lo que consigamos hacer con nuestro dinero. Y así dispondremos siempre de lo que necesitamos para nuestro bien y nunca padeceremos escasez. Eso no significa que acumularemos sustancia en previsión de «los días de lluvia», pero nos garantizará las provisiones para satisfacer nuestras exigencias de hoy, el único día que la Verdad contempla.

Conforme sigamos aumentando nuestra comprensión de la omnipresencia y de la sustancia de Dios, no tendremos que volver a confiar en la acumulación de dinero u otros bienes. Tendremos la garantía de que nuestras exigencias diarias serán satisfechas, y de que no nos privaremos de la felicidad y de la paz de hoy pensando en un vago futuro o en necesidades imaginarias. De esta manera nuestra vida estará organizada por el mismo Dios, y habrá equilibrio en las provisiones y en las finanzas, como en todo lo demás. No nos privamos de lo que necesitamos hoy; tampoco gastamos tontamente nuestra sustancia ni la desperdiciamos. No esperamos ni nos preparamos para enfrentarnos a las adversidades, ya que actuar de esta manera significaría dudar de Dios y de todas Sus promesas. Muchas personas aguantan privaciones increíbles con respecto a sus necesidades presentes pensando en prepararse de este modo para adversidades que nunca llegarán. Cuando miramos hacia atrás nos damos cuenta de que la mayoría de nuestros temores eran infundados, y que muchas de las cosas que nos aterrorizaban o nunca ocurrieron, o nos sorprenden insuficientemente preparados para enfrentarlas a pesar de nuestros esfuerzos en aquella dirección. Eso tendría que empujarnos a confiar en Dios ahora y a no dudar de que nos proporcione todo lo que podamos necesitar.

Las cosas nunca son tan malas como parecen. No te dejes agobiar con el pensamiento de que estás pasando un período de crisis. No deseas que tu alma se estructure de esta manera, por lo tanto no debes construirla con estos pensamientos. Estás viviendo en una nueva era. El ayer se fue para siempre; sólo se queda el hoy. Se está preparando algo más grande para el hombre. Ponte en la misma línea con el progreso del pensamiento en la nueva era y sigue adelante.

❖ *Lección 12* ❖

Vencer el pensamiento de escasez

EL REINO de los cielos también es semejante a una red barredera que se echó en el mar, y recogió todo tipo de peces; y cuando se llenó, la sacaron a la playa; y se sentaron y recogieron los peces buenos en canastas, pero echaron fuera los malos».

La mente del hombre es como una red que recoge todo tipo de ideas, y es un privilegio y una obligación para el hombre que actúe según la ley divina separar las malas de las buenas. En este proceso, las corrientes de amor generoso y espiritual fluyen a través del alma cumpliendo con esta tarea, liberando la consciencia de los pensamientos de odio, escasez, y pobreza, y otorgando a la sustancia del Espíritu libre acceso en la consciencia y en la vida.

En una de sus parábolas Jesús explicó este mismo proceso en términos de separación de las ovejas y de las cabras. Cuando esta corriente divina de amor y comprensión espiritual empiece a trabajar, tendremos que hacer esta división, poniendo las ovejas, es decir, los pensamientos buenos, rentables y obedientes, a la derecha, y las cabras, los pensamientos testarudos, egoístas e inútiles, a la izquierda. Cada uno tendrá que organizar sus pensamientos y vencerlos, alineándolos con la armonía y el orden del pensamiento divino. Existe una sabiduría omnipresente e infinita dentro de nosotros que, una vez que nos entreguemos sin reservas a su inteligencia, se encargará de gestionar estos pensamientos y guiarnos en la clasificación entre buenos y malos. Podremos así conectar nuestra mente consciente con la consciencia de la mente superior que se alberga en nuestro interior a través de la meditación, del silencio y de las palabras.

La mente superior que reside dentro de ti puede seleccionar el tipo de comida que asimilas, controlar tu digestión, tu respiración, y el pálpito de tu corazón. «Hará su obra», y te ayudará en esta importante tarea de selección indicándote qué pensamientos mantener y cuáles alejar. Conforme desarrolles tus facultades mentales interiores, gradualmente mejorarás también tu capacidad de discriminar los diferentes asuntos y pensamientos de tu vida. No hay nada tan grande que nos impida cumplir con ello, como no hay nada demasiado insignificante que no necesite una gestión perfecta y cuidadosa. La mente del Espíritu te guiará hasta la perfección, incluso en cada diminuto detalle de tu vida. Sólo debes cumplir con todas sus demandas y confiar en ella, para que te guíe infaliblemente hacia la salud, la felicidad, y la prosperidad, como ha hecho y seguirá haciendo durante siglos, si se lo permites.

Desprenderse de los antiguos pensamientos y condiciones una vez que acaban de servir sus propósitos es tan justo y necesario como crear nuevas ideas y generar nuevas condiciones para satisfacer cualquier exigencia. De hecho, no podremos tener nuevas ideas en nuestra mente o crear nuevas condiciones sin antes preparar espacio para ellas eliminando las antiguas. Si no somos capaces de desprendernos de las cabras, entonces podremos acoger menos ovejas. Si insistimos en llenar nuestros recipientes de peces malos, tendremos que quedarnos sin buenos. Estamos aprendiendo que los pensamientos son «cosas» y que por tanto ocupan espacio en la mente. No podremos tener nuevos o mejores pensamientos si seguimos quedándonos con los antiguos, débiles, ineficientes. La purificación mental es aún más necesaria que la material, ya que lo exterior no es nada más que el reflejo de la interioridad. Limpia tanto el interior del plato donde se conserva la comida como la parte exterior que la gente puede ver, nos enseñó Jesús.

Hay que rechazar los antiguos pensamientos y purificar la mente para preparar la llegada de la consciencia afirmativa del Cristo. Tanto nuestra mente como nuestro cuerpo están cargados de pensamientos equivocados. Cada célula está dotada de pensamiento, ya que posee su propia mente. Ejerciendo el rechazo, podemos penetrar su corteza exterior, la capa de pensamiento material que reviste las células, y alcanzar la sustancia y la vida interiores, contactando directamente con ellas y aprovechando su poder para expresar el aspecto positivo y constructivo de la ley. Rechazando con fuerza toda limitación material, revelaremos la ley espiritual que espera cumplirse en nuestra interioridad. Una vez que esta ley se haya manifestado a nuestra consciencia, podremos aprovecharla para conseguir cualquier bien. Ese es el estado de consciencia que Jesús alcanzó, la consciencia del Cristo.

Cada hombre tiene una tarea específica en el desarrollo de la ley divina de la evolución espiritual. La ley se pone en marcha gracias a nuestro pensamiento y sigue apoyándose en él conforme se desarrolla en nuestra alma. En nuestro ser más íntimo residen las grandes potencialidades del Espíritu que, una vez accionadas, nos permiten ser, hacer, o poseer lo que queramos. La ciencia nos dice que cada uno de nosotros lleva en su interioridad energía suficiente para hacer funcionar un universo, sólo con saber cómo crearla y controlarla. Podemos conseguirlo a través de un proceso de alejamiento y creación: alejamiento de todo lo que es antiguo, o que ya es inútil, por haber terminado de desempeñar su papel; y creación de nuevas ideas e inspiraciones que procedan de la consciencia superior de la mente. Jesús dijo a Pedro que lo que ate en la tierra también será atado en el cielo, y lo que pierda en la tierra también será perdido en el cielo. No estaba hablando de la tierra en sentido geográfico, ni de un lugar definido llamado *cielo*. Estaba explicando a Pedro la ley de la mente. La mente consciente no es nada más que el polo negativo del reino positivo del pensamiento, aquel reino que Jesús llamó «el Reino de los cielos». No se trata en absoluto de un lugar concreto, sino de la libre actividad de la consciencia superior de la mente del hombre. Todo lo que atemos o limitemos en la tierra, en la mente consciente, tendría también que atarse y limitarse en el reino ideal o celestial, y todo lo que perdamos y desprendamos en la mente consciente (tierra), tendría que perderse y desprenderse en lo ideal, en lo celestial. En otras palabras, lo que afirmes o rechaces en tu mente consciente determinará la naturaleza de las acciones de la mente superior. Tu pensamiento te otorgará este poder, tanto en el cielo como en la tierra.

Tenemos que seleccionar con cuidado qué pensamientos queremos alejar de nuestra mente y cuáles dejar, ya que éstos se manifestarán en nuestra vida. «Cual es su [del hombre] pensamiento en su corazón, tal es él» y «todo lo que el hombre siembre [en su mente], eso también segará [en su vida exterior]». Tenemos que alejar todos los pensamientos de escasez y carencia de nuestra mente y desprendernos de ellos, como Jesús ordenó que se hiciera con las vendas que envolvían a Lázaro: «Desatadle, y dejadle ir». Deshazte de todo pensamiento de escasez y mantén tus pensamientos de abundancia. Advierte la abundancia de todas las cosas buenas, preparadas para ti y para todos los demás desde la fundación del mundo. Vivimos en un mar de sustancia inagotable, lista para manifestarse según la moldeemos a través de nuestro pensamiento.

Algunas personas parecen peces en el mar, preguntándose «¿Dónde está el agua?» aunque vivan en la sustancia espiritual por la cual rezan: «¿Dónde encontraré el dinero? ¿Cómo voy a pagar mis cuentas? ¿Tendremos comida y prendas y todo lo que necesitemos?». La abundancia está en todas partes, y una vez que hayas despertado tu consciencia espiritual interior, la verás y disfrutarás de ella.

Podemos moldear la sustancia omnipresente a través de nuestra mente y crear gracias a ella todas las cosas que podamos concebir. Si nos imaginamos escasez y pobreza, éstas moldearemos. Si por el contrario, visualizamos todo a través de un ojo generoso, entonces daremos forma a la abundancia a partir de la sempiterna sustancia. No hay paso más importante en la evolución espiritual que éste. Aprender a desprenderse y eliminar para hacer espacio a las cosas deseadas que pedimos en nuestras oraciones. Algunas personas lo llaman renuncia, eliminación, incluso sacrificio. Simplemente se trata de eliminar los antiguos pensamientos que nos llevaron donde estamos ahora, y reemplazarlos con nuevas ideas que prometan mejorar nuestras condiciones. Y si las nuevas ideas no mantienen su promesa, volveremos a reemplazarlas con otras aún más nuevas, confiando en que al final encontraremos las ideas justas para conseguir lo que deseemos. Siempre queremos algo mejor que lo que tenemos. Es la urgencia del progreso, del desarrollo y del crecimiento. Así como los niños se vuelven demasiado grandes para quedarse con la misma ropa, con nosotros sucede lo mismo respecto a nuestros ideales y ambiciones, ampliando nuestros horizontes de vida conforme evolucionamos. Hay que seguir eliminando constantemente lo antiguo para mantener el ritmo del crecimiento. Agarrándonos a las antiguas ideas dificultaremos nuestro progreso hasta detenerlo por completo.

Los metafísicos definen este trabajo de eliminación como rechazo. El rechazo suele ser el primer paso, que elimina los restos indeseados y crea espacio para el nuevo inquilino llevado a la mente gracias al poder de la afirmación. No sería sabio eliminar los antiguos pensamientos sin saber antes cuáles los reemplazarán. Pero no tenemos que preocuparnos por eso, porque conocemos la verdad divina según la cual Dios es el origen de todo bien y todas las cosas buenas pueden volverse nuestras a través del amor y de la gracia de Jesucristo.

Ninguno de nosotros ha alcanzado aquel lugar supremo de la consciencia donde hacer desaparecer totalmente al hombre material y vivir en el Espíritu, como hizo Jesús; pero podemos imaginarnos esta vida y sabemos que podremos alcanzarla siguiendo Su ejemplo. Lo conseguiremos cuando nos alejemos de lo mortal. Eso no significa que debamos morir para liberarnos de la condición de mortalidad, ya que la mortalidad es en realidad un estado de la consciencia. Cada día morimos y resucitamos llevando a cabo el proceso que nos permite eliminar el pensamiento de materialidad y reemplazarlo con la certeza de que somos seres espirituales. Uno de los descubrimientos más grandes de la ciencia moderna es que cada átomo del llamado *universo material* lleva dentro de sí mismo sobreabundancia de elementos vitales. Dios es vida y Espíritu, y está en cada átomo. Podemos emanar esta espiritualidad vital rechazando la exterioridad material que rodea las células y afirmando que éstas son Espíritu y vida. Eso significa renacer: llevar a cabo el proceso que empieza como idea en la mente, y que luego se manifiesta también a nivel exterior en el cuerpo y en todos los asuntos de la vida. Todos deseamos mejorar nuestras condiciones económicas. Esa es la vía para conseguirlo: rechazar los antiguos pensamientos de carencia de dinero y afirmar el nuevo pensamiento de abundancia espiritual manifiesta en todas partes.

Cada lección de las Escrituras ilustra algunos aspectos de la acción mental y puede aplicarse a la vida personal de cada uno según el apremio que sus exigencias ejerzan dependiendo del momento. Si no te concentras en buscar la lección mental durante la lectura de las Escrituras, tu comprensión se limitará a la cáscara exterior de la Verdad. Sin embargo, si consigues comprender a fondo los personajes de la narración, consciente de que representan las ideas de tu propia mente, podrás seguir todos sus movimientos y encontrar la manera para solucionar todos los problemas de tu vida. Eso no significa que el mero estudio de las páginas escritas te proporcione la solución para todos tus problemas: hay que alcanzar una comprensión más profunda de las verdaderas Escrituras, la Biblia de todas las edades, el Libro de la Vida que reside dentro de tu propia conciencia. Sin embargo, estudiar los símbolos exteriores como aparecen en las páginas de las Escrituras te ayudará a comprender la Verdad de la Existencia.

En cada persona conviven ideas conflictivas representadas por los Hijos de Israel y los filisteos, que se enfrentan día y noche. Llamamos a estos pensamientos en lucha *Verdad y error*. Cuando vivimos en la plena conciencia de la espiritualidad tomamos partido por la Verdad, ya que los pensamientos de Verdad son los elegidos por el Señor, los Hijos de Israel. Pero a veces los pensamientos equivocados parecen tan reales e imponentes que no podemos evitar temblar y encogernos por el miedo que nos provocan.

Sabemos que al final la Verdad prevalecerá, pero pensamos que su victoria se dará en un tiempo indefinido en el futuro, mientras que el error es tan grande y fuerte ahora que sólo podremos enfrentarlo una vez que hayamos ganado más fuerza. Por eso tenemos que mantenernos firmes y afirmar la salvación del Señor.

No todas las ideas tienen la misma importancia. Algunas son grandes y fuertes; otras, pequeñas y débiles. Existen ideas agresivas que ostentan su predominancia, y alardean de su poder, y nos someten bajo su malvado reinado debido al miedo que sus amenazas de desastre nos infunden. Estas equivocadas ideas dominantes utilizan un argumento para impresionarnos: el miedo hacia aquello que podría suceder si nos atreviésemos a enfrentarlas abiertamente. El miedo por este tipo de ideas, incluso cuando sabemos perfectamente que son equivocadas, parece entretejerse en nuestro propio tejido mental. Este miedo está simbolizado por la lanza de Goliat que, según que cuenta la historia, «era tan grande como el rodillo de un telar».

¿Cuál es el pensamiento más perjudicial en la mente de los hombres de hoy en día? ¿No es el poder del dinero? ¿No es Mamón, el filisteo más grande, el Goliat de la consciencia? La respuesta será siempre la misma, a pesar de que tomemos el partido de los filisteos y tengamos éxito con respecto a nuestras finanzas desde un punto de vista material, o nos pongamos con los Hijos de Israel y temblemos en nuestra pobreza. La presencia diaria del gigante Goliat, el poder del dinero, es lo que más nos preocupa. Ni los filisteos ni los Hijos de Israel poseen la Tierra Prometida, ninguno de ellos vivirá en paz, feliz o seguro, mientras este gigante siga ostentando su fuerza y su presunción. Hay que matar esta idea equivocada, que sostiene ser más fuerte que el Señor de Israel, para que los demás pensamientos erróneos se alejen de nosotros y nos dejen alcanzar la consciencia de la abundancia, la Tierra Prometida de leche y miel.

El mundo hoy tiembla enfrentándose a esta gigantesca idea equivocada, a la creencia de que el dinero es el poder dirigente. Las naciones del mundo se encuentran debajo de su dominio porque los hombres piensan que el dinero es poder. Tanto los ricos como los pobres son esclavos de esta idea. Los reyes y los hombres poderosos de la tierra se postran y se avergüenzan en presencia del rey dinero. Eso ocurre porque el mismo hombre otorgó al dinero su poder debido a sus pensamientos equivocados, creando el becerro dorado ante al que ahora se postra y adora. En lugar de servirse del dinero, se ha convertido en su esclavo, llamándolo dueño. El gobierno de este gigante loco ha sido catastrófico, y su fin se aproxima.

El primer paso para liberar tu mente de esta gigante pesadilla es alcanzar una clara conciencia de tus derechos como hijo de Dios. Sabes que no debes poner otros bienes o poderes antes de tu verdadero Dios. Sabes también que no tienes que someterte al dominio de nada en lo alto de lo cielos ni en lo bajo de la tierra, ya que tú mismo posees el dominio sobre todo. Nunca encontrarás un tiempo mejor para llegar a comprender a fondo la verdad sobre quién y cuáles son tus derechos, ni un momento más propicio para buscar un nuevo y mejor estado de consciencia. Si el presumido gigante filisteo te da miedo, como a muchos de los que te rodean, empieza ahora mismo a buscar una manera, como hizo David, para dar su «carne a las aves del cielo». Existe una vía, una vía justa, que no puede fallar, y es tu obligación encontrarla. Sigue cada paso de la vía maravillosamente explicada a nivel simbólico en el decimoséptimo capítulo del primer libro de Samuel.

El nombre *David* significa «amado por el Señor», y David representa cómo tendría que ser tu correcta percepción de tus privilegios como hijo de Dios. No eres esclavo de nada o nadie en el universo. Viviendo en esta consciencia, la amenaza de Goliat, el poder del dinero, no podrá contigo. Comprende la Verdad, la lanza directa al centro de su pensamiento carnal, su frente. No te dejes intimidar por el peso de su escudo y de su armadura, ya que puedes verlos como realmente son, vacíos y sin sentido, vulnerables en más de un punto a las verdaderas ideas con las cuales estás armado.

Incluso los defensores más fervientes del poder del dinero admitirán que es un tirano y que preferirían que no gobernara su mundo si pudieran evitarlo. Al final casi siempre destruye a sus amigos. Cada hombre que se convierte en un esclavo del dinero al final es aplastado por él. Al otro lado está el ejército de la gente justa, los cristianos, que, como el ejército de los Hijos de Israel, piensa que este gigante no se puede vencer. Esperan refuerzos, algo más grande y más fuerte en sentido físico que pueda ayudarles a vencer a este enemigo. Ellos se olvidan de que «¡De Jehovah es la batalla!».

¿Te arrodillas frente al gigante cuando sale a diario para impresionarte con su presunción y sus amenazas? No tendría que ser así. No necesitas seguir temiéndole. Con esta pequeña idea en tu mente puedes matarle. Quizá no hayas dado mucha importancia a esta idea, dejándola sola en un rincón apartado de tu consciencia espiritual, arreando las ovejas, es decir tus pensamientos inocentes. Ha llegado el momento de salir adelante para este David, que encarna la percepción de tu lugar legítimo en la Mente divina. Hazte una idea clara del lugar de la creación al que perteneces realmente y de los derechos que de ahí proceden. ¿Se te ha ocurrido pensar que Dios haya mandado que los hombres no pudieran liberarse de la terrible esclavitud de las condiciones difíciles? Claro que no. Sería una injusticia, y Dios está por encima de cualquier justicia.

Es tu privilegio desafiar a este presumido y enfrentarle cuando quieras. El Señor estuvo a tu lado en la batalla contra el miedo hacia el pecado y la enfermedad (el oso y el león), y lo mismo hará cuando te enfrentes a la pobreza, que Goliat simboliza. «¡De Jehovah es la batalla!», y él estará contigo para sacarte «de manos de filisteas».

Las armas del hombre del Señor no son carnales. Él no hace la guerra a la manera del mundo. No utiliza armaduras de acero o bronce, la protección del egoísmo o las armas de la opresión. Él simplemente avanza en la justicia, consciente de que su inocencia es su defensa. Él sólo utiliza las riendas del pastor y las piedras alisadas, palabras de Verdad que actúan según su voluntad. Los filisteos no se preocupan por estas armas y muchas personas se ríen de la idea de utilizar las palabras como herramientas para superar una situación de dificultad. Pero las palabras hacen el trabajo para el cual fueron creadas, y la materialidad cae frente a su firme propósito. Sabemos que el dinero tiene que servir al hombre, y no a la inversa.

Ningún hombre necesita ser esclavo de su hermano o postrarse delante de él para obtener dinero. No estamos vinculados a la rueda del trabajo, del incesante duro trabajo día tras día, para aplacar al dios Mamón con sus mismas armas. Somos hijos del Dios de la vida, que como un Padre cariñoso está aquí entre nosotros, donde podemos reivindicarLo como nuestro sustento y recurso, para que nos permita conseguir las condiciones que nos prometió, una vez que Lo reconozcamos, tras rechazar a Mamón. Ese día, Jehová nos entregará al orgulloso filisteo, y venceremos. Gloria a Dios.

Las cinco piedras que David eligió del arroyo representan cinco afirmaciones irrefutables de la Verdad. Estas afirmaciones, empleadas por una mente que confíe en sí misma, en su causa, y en su fuerza espiritual, aplastarán a Goliat, el gigante del error. Las afirmaciones son las siguientes:

Dios me ama. Está conmigo en todas mis justas palabras, que gracias a Él llevarán a cabo todo aquello para lo que fueron creadas.

Mi causa es justa, ya que es mi derecho divino recibir todo lo que el Padre haya puesto a disposición de Sus hijos.

Eliminaré de mi mente y de las mentes de los demás cualquier pensamiento que me otorgue el supuesto derecho a poseer algo. Lo que es mío me llega a través de la ley de Dios, y en mi clara percepción de la Verdad le doy la bienvenida.

> *No temo la pobreza, y no debo nada a nadie.*
> *Mi rico Padre me beneficia de todo tipo de*
> *recursos, y yo soy un poderoso canal*
> *de abundancia.*
>
> *No poseo nada egoístamente, sin embargo*
> *todas las cosas que existen me pertenecen,*
> *para que las utilice y las conceda a los demás.*

No permitas que el miedo de la escasez y las estrecheces económicas te mantengan pobre. Si confías en que todo lo que el Padre posee es tuyo, entonces no hay ningún motivo para economizar. Nada ampliará tu mente y tu mundo más que la comprensión de que todo te pertenece. Una vez que hayas entendido que tu herencia espiritual no tiene límites, nada te faltará en tu propio mundo. Mira a través del ojo de la abundancia; ya que «el ojo misericordioso será bendito». Este versículo establece una ley exacta, la ley del crecimiento.

Los líderes religiosos del pasado difundieron la creencia de que es una obligación del buen cristiano ser pobre, y que la pobreza es una virtud. Esa no es en absoluto la doctrina de Jesús. Él reconoció por completo, sin reservas de ningún tipo, que Dios es nuestro recurso y que el Padre proporciona a Sus hijos todo lo que necesitan. Se suele describir a Jesús como pobre, sin un lugar donde descansar, sin embargo en Nazaret estaba su casa paterna, y siempre era bienvenido en las casas tanto de los ricos como de los pobres en toda Palestina. Se vestía como un rabino, y Sus prendas eran tan ricas y preciosas que los soldados romanos codiciaban la toga que vestía y pelearon por ella. Jesús encontró abundancia en el Reino de Dios, donde todo lo que se necesita se puede conseguir, no a través del duro trabajo, sino gracias a la comprensión de la Verdad.

Jesús necesitó rara vez de dinero, porque iba más allá del dinero hasta que llegó a la idea que éste representa, y por lo tanto consiguió gestionarlo directamente desde el reino de las ideas. Nuestro gobierno está detrás de cada billete, aunque no tengan valor. Dios está más allá de cualquier símbolo material, y tendríamos que poner nuestra fe en Él más que en el símbolo, ya que cumple con todas nuestras exigencias y hace realidad nuestros deseos. Jesús nos dijo que todo lo que tenemos que hacer es pedir al Padre en Su nombre, confiando en que recibiremos, y así será. Y no debemos vacilar en pedir mucho, ya que Dios puede conceder cualquier cosa con la misma facilidad.

Preguntas de ayuda

Lección uno

La sustancia espiritual: base fundamental del universo

1. ¿Qué es la Mente divina?
2. ¿Qué es el hombre, y cómo se conecta con las ideas divinas?
3. ¿Cuál es el gran cambio en los métodos de producción y distribución que está a punto de verificarse? ¿Cómo afectará nuestra prosperidad?
4. ¿Qué es el éter del que hablan la ciencia y los metafísicos? ¿Hasta qué punto el hombre ha sabido aprovecharlo, y cuáles son sus potencialidades?
5. ¿Qué demostró Jesús en relación al reino del éter?
6. ¿Cuál es el origen de toda la materia según la ciencia? ¿Y según Jesús?
7. ¿Cuál es la vía más simple y segura para emplear justamente la sustancia?
8. Explica desde este punto de vista cómo no desperdiciar nunca la sustancia.
9. ¿Por qué Dios da en igual proporción tanto al justo como al injusto?

10. ¿Cómo nos ayuda esta verdad sobre el éter a comprender más a fondo la naturaleza de Dios como pura esencia de Espíritu?

11. ¿Qué simbolizan el oro y la plata? ¿Por qué son preciosos?

12. ¿Cuál es la tríplice actividad a través de la cual la sustancia llega a manifestarse como materia en nuestra vida?

13. Si la sustancia es omnipresente y el hombre puede controlar sus manifestaciones, ¿por qué la humanidad sufre debido a la escasez y a las limitaciones?

14. Explica la enseñanza de Jesús según la cual es difícil para un hombre rico entrar en el Reino de los cielos.

15. ¿Qué son los «derechos a la prosperidad» y el derecho a la riqueza? ¿Qué error implica esta doctrina? ¿A qué tipo de ideas pertenece?

16. ¿Cuáles son las «posesiones» que tenemos que alejar para poder entrar en el reino de la consciencia?

17. Tras comprender la existencia, las potencialidades y la disponibilidad de la sustancia universal, ¿cuál es el siguiente paso para conseguir prosperidad?

18. ¿Los hombres empujados por motivaciones egoístas pueden alcanzar el reino? ¿Para qué tendríamos que desear la sanación y la prosperidad?

19. ¿Qué es la consciencia de la prosperidad? Busca algún ejemplo. ¿Cómo puede desarrollarse sabiamente?

20. ¿Cuáles serán los resultados sociales y económicos de la difusión de la consciencia de la prosperidad en toda la humanidad?

Lección dos
La Mente espiritual: omnipresente principio director de la prosperidad

1. ¿Por qué las ideas son el bien más precioso en la vida?

2. ¿Cuáles son el origen, la finalidad, y los resultados alcanzables por el deseo?

3. ¿Cuál es la diferencia entre *ser* y *existir*?

4. ¿Cuál es la diferencia entre *ser* y *apariencia*?

5. ¿Cuál es la relación entre los pasos que permiten llegar a la solución de un problema y el problema mismo? ¿Cómo lo explican la realidad espiritual y los fenómenos materiales?

6. ¿Qué implica el hecho de que el hombre pueda pensar en un mundo ideal?

7. ¿Deberíamos rechazar la existencia de las cosas materiales? ¿Podemos hacerlo con éxito? ¿Qué aspectos exteriores de las cosas tendríamos que rechazar?

8. ¿Qué es el YO SOY? ¿En qué difiere de la Mente divina?

9. ¿Por qué la comprensión espiritual es tan importante? ¿Cómo se puede alcanzar?

10. ¿Cuál es la conexión entre las ideas de la Mente divina?

11. ¿Qué idea divina se esconde detrás de las riquezas? ¿Qué ideas son los «padres» de ésta? ¿Cómo puede ayudarnos a conseguir prosperidad?

12. ¿Todos los hombres tienen el mismo derecho a la riqueza? ¿Qué ideas tendrían que acompañar el alcance, el empleo y la utilización de la riqueza?

13. ¿Rezamos la oración del Padre Nuestro esperando que Dios nos beneficie con verdaderas barras de pan? ¿Qué nos proporciona esta oración en lugar de bienes materiales?

14. ¿Por qué la gente sueña? ¿Los sueños ayudan a la gente a solucionar sus problemas?

15. ¿Qué importancia tienen el reposo y el silencio cuando buscamos los dones de Dios?

16. ¿Qué relación existe entre el logro de la prosperidad y la consciencia del Reino de los cielos?

17. ¿Cuáles son las motivaciones físicas, psicológicas, y espirituales para preparar el camino a la prosperidad?

18. ¿Qué nos enseña la parábola de los lirios con respecto a la sustancia?

19. ¿Qué efectos ejercerán el agradecimiento y las oraciones respecto a la obtención de la prosperidad?

20. ¿Por qué rezar en el nombre de Jesucristo resulta mucho más eficaz que cualquier otra oración?

Lección tres
La fe en la sustancia invisible: clave para la demostración

1. ¿Cuál es el punto de partida para desarrollar la consciencia de la prosperidad?
2. ¿Qué relación existe entre la fe y la sustancia?
3. ¿Qué significa «tener» fe?
4. ¿Qué significa que la fe tiene que «buscar»? ¿Hacia dónde debe dirigir su búsqueda?
5. Explica cómo las dudas pueden dificultar y atrasar la obtención de la prosperidad.
6. ¿En qué difieren el pensamiento de Juan el Bautista y él de Jesús?
7. ¿Qué papel desempeñan el amor y la comprensión en el alcance de los objetivos de la fe?
8. ¿Es necesario experimentar las dificultades en la vida? ¿Por qué se nos ocurren?
9. Explica por qué es un pecado pensar y hablar de las crisis, de la escasez y de las demás limitaciones.
10. Explica la simbología de los cinco panes y de los dos peces.
11. ¿Por qué el miedo causa estancamiento en la circulación del dinero? ¿Cómo pueden la confianza o la fe restablecer las normales condiciones?
12. ¿Cómo podemos alcanzar el «espacio superior» en el que recibir el poder que nos llega desde arriba?
13. ¿Cómo crea tu mente? ¿Sus creaciones son siempre reales?
14. ¿Por qué tendríamos que poner nuestra fe en el Espíritu más que en las cosas materiales?
15. Explica por qué la fe es fundamental en el trabajo, en la industria, en el comercio, y en todo tipo de actividad.

16. ¿Qué representan hoy para nosotros los personajes de la Biblia? ¿Cuáles de ellos representan la fe?

17. ¿La ciencia soporta la religión o, en cambio, es su enemiga?

18. ¿Qué relación existe entre lo material y la sustancia?

19. ¿Hay escasez de algo en alguna parte del mundo? ¿Qué es lo que tenemos que superar?

20. ¿Qué afirmaciones pueden ayudarnos a rechazar el miedo y vivir en la consciencia de la abundancia?

Lección cuatro
El hombre: entrada y salida de la Mente divina

1. ¿Qué significa aplicar el Principio al logro de la prosperidad?

2. ¿Cómo podemos alcanzar la consciencia del Principio?

3. ¿Cómo puede el estudio de la Verdad volvernos más felices, sanos, hermosos, y prósperos?

4. ¿Qué es un milagro? ¿La prosperidad es milagrosa?

5. ¿Cómo se recompensa a los seguidores de la ley divina? ¿Y cómo se castiga a los violadores?

6. ¿Qué son las fases legislativa, judicial y ejecutiva de la ley divina?

7. ¿Cuál es la primera regla de la ley divina?

8. ¿Qué efectos producen los pensamientos y los discursos positivos sobre las cosas?

9. ¿Hay virtud en la pobreza?

10. ¿Qué significan las «tierras lejanas», y cuál es la tierra natal del hijo pródigo?

11. ¿Cuáles son los efectos psicológicos y espirituales de las prendas antiguas y humildes?

12. ¿Qué simbolizan los zapatos nuevos?

13. ¿De qué modo se despilfarra la sustancia, y qué conexión tienen el desperdicio y la necesidad?

14. ¿Cuál es nuestro mejor seguro para la estabilidad económica?

15. ¿Cómo se puede aplicar la ley «Pedid y se os dará» a la prosperidad?

16. Los que trabajen más duramente o sean más hábiles, ¿tendrían que recibir una recompensa mayor que los demás?

17. ¿Cuál es el poder del amor respecto a la obtención de la prosperidad?

18. ¿Cómo puede la mente subconsciente ayudar o dificultar el logro de la prosperidad?

19. ¿Qué forma asumen las respuestas de Dios a nuestras oraciones? ¿Cómo sabremos que nuestras oraciones han sido escuchadas?

20. ¿Hay que ser moralmente digno para volverse próspero?

Lección cinco
La ley que gobierna la manifestación de las provisiones

1. ¿Qué representa Moisés en la consciencia? ¿Y Josué? ¿Y Jesús?

2. ¿Cuál es el significado metafísico del acto de comer? ¿Cómo partimos el pan en el mundo de cuatro dimensiones?

3. ¿Qué puede retrasar la obtención de la prosperidad durante nuestros intentos para alcanzar la consciencia de la abundancia?

4. ¿Qué significa «la única ley»? ¿Cómo podemos conocerla? ¿Y comprenderla?

5. Explica cómo nuestra capacidad de emplear sabiamente la riqueza en grados muy elevados puede ser determinante en la consecución de la prosperidad.

6. ¿Es necesario suplicar a Dios para que nos proporcione prosperidad? ¿Pedir? ¿Dar las gracias?

7. ¿Cómo podemos alcanzar nuestra «interioridad»?

8. Compara la mente terrenal con la mente espiritual, y explica cómo la verdadera prosperidad dependa de ésta.

9. ¿Qué es la teoría de la luz con respecto a la formación de la materia, y en qué concuerda con las enseñanzas del Nuevo Testamento?

10. ¿Qué es el paraíso y dónde se encuentra? ¿Cómo se forma el alma?

11. ¿Cómo consiguió su inmensa riqueza el rey Salomón?

12. ¿Qué significa «comprender y emplear» la sustancia?

13. ¿Cómo desarrolló Jesús Su consciencia de la sustancia omnipresente y cómo disfrutó de ella?

14. ¿Cuál es la verdadera interpretación del «hombre rico» en la famosa parábola del camello y el ojo de la aguja?

15. ¿Cómo podemos «transformar constantemente piedras en panes», y cuál es el resultado?

16. ¿Qué nos enseña la parábola de los talentos con respecto a la prosperidad?

17. ¿Cuáles son los seis pasos para conseguir prosperidad que se pueden destacar en la historia de la creación?

18. ¿Qué podemos aportar al mundo a través del desarrollo de nuestra propia consciencia hacia la prosperidad?

19. Analiza y explica la afirmación «Confío en Tu ley universal de prosperidad y cumplo con sus dictámenes en cada momento de mi vida».

Lección seis
La riqueza de la Mente se expresa en la abundancia

1. ¿Qué es la prosperidad?

2. Explica la ley de la prosperidad que Jesús nos proporcionó.

3. ¿Qué la relación que existe entre la consciencia de la prosperidad y las riquezas materiales?

4. ¿Cuál es el «pecado de los ricos»?

5. ¿Cuáles son las causas de las malas cosechas y de la hambruna en algunos países?

6. ¿Por qué Jesús no disponía de dinero ni poseía propiedades?

7. ¿Cuál es la única realidad que puede satisfacer el deseo humano, y dónde se encuentra?

8. ¿La ley de la prosperidad se limita al pensamiento? ¿De qué más necesita?

9. ¿Sobre qué otorgó el Creador dominio al hombre?

10. ¿Cómo puede el hombre llegar a dominar su miedo hacia la escasez?

11. ¿Por qué las oraciones para conseguir prosperidad a veces parecen no recibir respuesta?

12. ¿Cuál es la verdadera idea de Dios, y cómo puede el hombre darle forma?

13. ¿Cuáles son las causas de las «crisis» en los asuntos de los hombres y de las naciones?

14. ¿Qué papel desempeña el dominio personal de las sensaciones en el logro de la prosperidad?

15. ¿Cuál es la importancia del rechazo y de la afirmación respectivamente, para la obtención de la prosperidad?

16. ¿Quién produce realmente riqueza en una nación?

17. ¿Qué es la ley del crecimiento aplicada a la sustancia de la Mente?

18. ¿Cómo podemos prepararnos para aumentar nuestra prosperidad?

19. ¿Nuestras oraciones para conseguir prosperidad deben ser específicas y definidas?

20. Escribe tu propia afirmación de prosperidad que exprese los cuatros pasos fundamentales: reconocimiento, amor, fe y elogio.

Lección siete
Dios concede prosperidad a cada hogar

1. ¿Qué gran poder espiritual simboliza el hogar?

2. ¿Qué tiene que ver el «ambiente» de un hogar con la obtención de su prosperidad? ¿Cómo se puede cambiar un ambiente de preocupación y miedo?

3. Explica la importancia de afirmar palabras de verdad en el hogar.

4. Además de por el sentimiento de obligación religiosa, ¿por qué tenemos que agradecer y dar muy a menudo las gracias por lo que consigamos?

5. ¿Es recomendable condenar los muebles de nuestro hogar o disculparnos por ellos?

6. ¿Nuestros hogares tendrían que lucir riqueza para atraer la prosperidad?

7. ¿Por qué tenemos que amueblar nuestro hogar según nuestra personalidad en lugar de seguir sólo las «costumbres» o los estilos «a la moda»?

8. ¿Cómo consigue atraer la prosperidad el amor profundo y sincero por Dios?

9. ¿Por qué los miembros de un hogar tienen que amarse y comprenderse para garantizarse un hogar próspero?

10. Explica la aplicación de la ley «Amarás a tu prójimo» a tu hogar.

11. ¿Cuál es la voluntad de Dios con respecto al hogar, y cómo se expresa en el tuyo?

12. Explica cómo vivir consiguiendo prosperidad según la ley del dar y recibir.

13. ¿Cómo podemos emplear nuestra voluntad para la consecución de la prosperidad en nuestro hogar?

14. ¿Por qué cada individuo tendría que expresar sus propias ideas para prosperar?

15. ¿Dónde y cómo empezó a manifestarse la prosperidad?

16. ¿Podemos reivindicar la posesión de la sustancia de Dios?

17. ¿Cómo podemos «llevar» sustancia a los lugares «vacíos» de nuestro hogar?

18. ¿Por qué tenemos que ser determinados para prosperar?

19. ¿Resulta satisfactoria la posesión de bienes materiales?

Lección ocho
Dios pagará tus deudas

1. ¿Qué ley de la mente se observa cuando se perdona?

2. ¿Por qué tendríamos que confiar en las personas más que desconfiar de ellas?

3. ¿La Verdad contempla algo como las deudas? ¿Por qué?
4. ¿Por dónde debemos empezar a perdonar a nuestros deudores y acreedores?
5. ¿Cómo podemos perdonarnos a nosotros mismos por tener deudores?
6. ¿Cuál es la única manera segura de alejar para siempre las deudas?
7. Explica en qué sentido el perdón es un buen método para cobrar las deudas.
8. ¿Cómo nos perdona Dios nuestras deudas? ¿Cómo podrá Su amor pagar nuestras deudas?
9. ¿En qué manera las deudas y las preocupaciones que de ellas proceden pueden afectar nuestra salud? ¿Cuál es el remedio?
10. ¿Dios tiene un lugar en los negocios modernos?
11. ¿Cuáles son los beneficios y los peligros de las compras a plazos?
12. ¿Por qué hay que pagar puntualmente todas las obligaciones?
13. ¿Qué tipo de pensamientos se deberían tener respecto a los acreedores? ¿Y respecto a los deudores?
14. ¿Cuál es el pensamiento predominante que causó la crisis mundial, y cómo se puede vencer? ¿Cuál es nuestro papel en este asunto?
15. ¿El sistema de los créditos es responsable de la difusión de las deudas?
16. ¿Nuestra fe en las provisiones divinas es una garantía suficiente para asumir obligaciones y confiar en que tendremos los recursos para pagarlas cuando llegue el momento?
17. ¿Cuál es la importancia de las oraciones en la liberación de las deudas?

Lección nueve
Los diezmos: la vía para la prosperidad

1. ¿Qué es un diezmo, y cómo se empezó a pagar?

2. Según las promesas de la Biblia, ¿qué beneficios corresponden a quien pague el diezmo?

3. ¿Se tendrían que considerar los diezmos como inversiones que implican un retorno?

4. ¿En qué sentido el acto de dar es una gracia divina?

5. ¿Qué método práctico sugirió Pablo a los corintios?

6. ¿Cuáles serán los efectos de un espíritu dispuesto y alegre sobre quien regale algo, sobre el don en sí y sobre quien lo reciba?

7. ¿En qué sentido el acto de dar es una expresión de fe?

8. ¿Cómo se puede aplicar la debida sabiduría al acto de dar?

9. ¿Cómo se puede ayudar a alguien que esté confundido (sobre cuánto, cuándo y dónde dar) a tomar sus decisiones con respecto al pago de los diezmos?

10. ¿Qué sentido tiene el pago de los diezmos para el agricultor? ¿Para el hombre de negocios? ¿Para el profesional? ¿Para el mecánico? ¿Para cualquier trabajador?

11. ¿Cómo puede el pago de los diezmos ayudarnos a cumplir con «el primer y más importante mandamiento» sobre el amor por Dios y por el próximo?

12. Además de las promesas de la Biblia, ¿existen evidencias demostradas sobre la eficacia de los diezmos en la consecución de la prosperidad? Cita algunos ejemplos.

13. ¿El pago de los diezmos debería formar parte integrante del presupuesto de una persona o de una familia? ¿Tendríamos que recopilar un registro de lo que demos? ¿Qué hacemos respecto a los demás desembolsos?

14. ¿Por qué pagar regularmente un diezmo, aunque de pequeña entidad, es mejor que donar esporádicamente regalos más grandes en una única ocasión?

15. ¿Cuáles son los fundamentos y los efectos psicológicos del pago de los diezmos?

16. ¿Cómo tenemos que reaccionar cuando la obtención de la prosperidad parece tardar?

17. ¿Tendríamos que esperar la llegada de nuestro bien a través de la misma persona a la que dimos o servimos?
18. ¿Por qué es mejor dar sin pensar en los posibles retornos?
19. ¿Qué tenemos que hacer para recibir lo que Dios desea que nos pertenezca?
20. Habla del acto de dar en cuanto forma para afirmar y conseguir la prosperidad.

Lección diez
Dar generosamente: la clave para recibir con abundancia

1. ¿Cómo se puede aplicar la religión de Jesús a los problemas de la vida diaria?
2. Expón brevemente la ley del dar y recibir explicada por Jesús.
3. ¿Por qué las enseñanzas de Jesús no han tenido mucho éxito en mejorar las condiciones del mundo y de vida de los individuos?
4. ¿Por qué necesitamos urgentemente una reforma económica?
5. ¿Se puede basar una reforma en el aspecto material del asunto económico? ¿Por qué?
6. ¿Por qué los hombres que controlan las finanzas y los negocios no aceptan la ayuda y los consejos de la religión?
7. ¿Por qué es necesario reformarnos antes a nivel individual para poder actuar también a nivel nacional o mundial?
8. ¿Cómo pueden contribuir las enseñanzas y los estudios metafísicos a mejorar el mundo?
9. ¿Qué efectos puede producir el deseo de acumular dinero y bienes materiales sobre la buena naturaleza y la sensibilidad de las personas?
10. ¿La avaricia y la codicia pueden afectar la salud de los hombres?
11. ¿Cuál es la causa principal del estancamiento de la circulación del dinero y de los males que proceden de él?
12. ¿Qué regla nos dio Jesús para liberarnos de las estrecheces económicas?

13. ¿El método empleado por los primeros cristianos podría funcionar en el mundo de hoy?

14. ¿Qué nuevo método se recomienda hoy para reemplazar el antiguo estándar comercial según el cual hay que pagar bienes y servicios?

15. ¿Qué es la ley divina del equilibrio? ¿Por qué parece no funcionar con respecto a lo económico?

16. ¿Existen algunas conexiones entre la pobreza y las enfermedades? ¿Cómo se podría solucionar este problema? ¿El mismo problema existe también con respecto a la riqueza? ¿Cómo se podría solucionar?

17. ¿Qué significa «consciencia de la humanidad»? ¿Podemos salvarnos de sus efectos? ¿Cómo podemos convertirla en algo positivo?

18. ¿Qué sería conveniente hacer respecto a ahorrar dinero en previsión del futuro?

19. ¿Qué actitud deberíamos tener frente a la caridad?

Lección once
Acumular tesoros

1. ¿Qué es la ley de conservación aplicada a la sustancia espiritual?

2. ¿Cuál es la diferencia entre acumular y conservar?

3. ¿Es necesario acumular sustancia para prosperar?

4. ¿Cómo se puede acumular sustancia espiritual? ¿Y desperdiciarla?

5. ¿Cuál es el verdadero objetivo de la vida del hombre?

6. Explica por qué el desarrollo del carácter debe formar parte de nuestros esfuerzos para conseguir prosperidad.

7. ¿El deseo por el dinero es aconsejable o reprensible?

8. ¿Qué simboliza el oro a nivel metafísico?

9. ¿Cuál es el engaño de las riquezas? ¿Qué es el dinero?

10. ¿La riqueza conlleva felicidad? ¿La extrema pobreza vuelve a los pobres mejores que los ricos? ¿Cuál es la verdad sobre la riqueza?

11. ¿Cuál es el único acto o título que puede otorgar a alguien el derecho a poseer algo?
12. ¿Qué necesitamos cuando pedimos «nuestro pan de cada día»?
13. ¿Acumular dinero afecta a la sociedad? ¿Cómo?
14. ¿Tendríamos que prepararnos para los «días de lluvia» guardando parte de nuestro dinero?
15. ¿Jesús era pobre? ¿Le faltó algo alguna vez? ¿Qué significa transformar piedras en panes?
16. Explica el significado del hombre rico y del ojo de la aguja.
17. ¿Cuáles son los efectos económicos y físicos de vivir en la estrechez?
18. ¿Cuál es la actitud más aconsejable con respecto a la crisis y a la escasez?
19. ¿Cómo podemos aprender a dar y recibir todo lo que podamos según los medios de los que disponemos?

Lección doce
Vencer el pensamiento de escasez

1. ¿Por qué tenemos que examinar constantemente nuestros pensamientos y mantenerlos separados?
2. ¿Qué estándares seguimos para valorar nuestros pensamientos?
3. ¿Cuál es el papel de la consciencia superior de la mente con respecto al cuerpo?
4. ¿Cómo podemos emplear esta consciencia superior en nuestra vida material?
5. ¿Cuál es la importancia de purificar la mente eliminando los pensamientos negativos?
6. ¿Cómo podemos eliminar los pensamientos equivocados?
7. ¿Qué beneficios aporta el empleo de las palabras de rechazo?
8. ¿Qué es y dónde se encuentra el «Reino de los cielos»?
9. ¿Qué significa «desatarse en los cielos»? ¿De qué tendríamos que desprendernos, y con qué tendríamos que quedarnos?

10. ¿Qué es y dónde se encuentra la sustancia? ¿Cómo podemos conectarnos con ella?

11. ¿Cuáles son los efectos de mantenerse atado a las ideas y a los métodos antiguos?

12. ¿Qué es la mortalidad? ¿Acabamos muriendo con ella? ¿De qué manera?

13. Explica qué significa renacer y qué relación mantiene con el rechazo.

14. ¿Qué significan para nosotros los personajes de la Biblia? ¿Qué pueden hacer por nosotros?

15. ¿Qué simbolizan David y Goliat en nuestra consciencia?

16. ¿Cuál es el moderno «becerro dorado» que la mayoría de los hombres adoran?

17. Menciona algunos de los efectos negativos que proceden del culto equivocado por el dinero.

18. ¿La eliminación del dinero sería suficiente para solucionar por completo el problema? ¿Cuál es la solución?

19. ¿Qué idea, pequeña pero poderosa, simboliza David en nuestra consciencia?

20. ¿Cuáles son las armas de David para eliminar el miedo por el gigante?

Índice